浙江省地方标准

高等级公路沥青路面设计规范

Specifications for Design of High-Grade Highway Asphalt Pavement

DB 33/T 896—2013

主编单位：浙江省交通规划设计研究院
批准部门：浙江省质量技术监督局
实施日期：2013 年 9 月 20 日

人民交通出版社

图书在版编目(CIP)数据

高等级公路沥青路面设计规范/浙江省交通规划设计研究院编. -- 北京：人民交通出版社，2014.1
ISBN 978-7-114-11026-9

Ⅰ．①高… Ⅱ．①浙… Ⅲ．①公路—沥青—路面设计—设计规范 Ⅳ．①U412.36-65

中国版本图书馆 CIP 数据核字(2013)第 281260 号

浙江省地方标准

书　　名：	高等级公路沥青路面设计规范
著　作　者：	浙江省交通规划设计研究院
责任编辑：	任雪莲
出版发行：	人民交通出版社
地　　址：	(100011) 北京市朝阳区安定门外外馆斜街 3 号
网　　址：	http://www.ccpress.com.cn
销售电话：	(010) 59757973
总 经 销：	人民交通出版社发行部
经　　销：	各地新华书店
印　　刷：	北京市密东印刷有限公司
开　　本：	880×1230　1/16
印　　张：	6
字　　数：	130 千
版　　次：	2014 年 1 月　第 1 版
印　　次：	2014 年 4 月　第 2 次印刷
书　　号：	ISBN 978-7-114-11026-9
定　　价：	36.00 元

(有印刷、装订质量问题的图书由本社负责调换)

浙江省交通运输厅办公室文件

浙交办〔2013〕367号

关于实施《高等级公路沥青路面设计规范》等浙江省地方标准的通知

各市交通运输局(委)、义乌市交通运输局,省公路局、厅质监局、省交通设计院、浙江交院、咨询公司:

浙江省地方标准《高等级公路沥青路面设计规范》(DB 33/T 896—2013)、《山区高速公路勘察设计规范》(DB 33/T 899—2013)、《高速公路交通安全设施设计规范》(DB 33/T 704—2013)已由浙江省质量技术监督局批准发布,其中《高等级公路沥青路面设计规范》自2013年9月20日起实施,《山区高速公路勘察设计规范》、《高速公路交通安全设施设计规范》自2013年11月14日起实施,请各有关单位参照执行。

省地方标准《高等级公路沥青路面设计规范》、《山区高速公路勘察设计规范》、《高速公路交通安全设施设计规范》由省交通规划设计研究院等单位编制,标准的管理权和解释权归口我厅,日常解释和管理工作由省交通规划设计研究院负责。请各单位在实施中注意积累资料、总结经验,并及时反馈有关问题和意见,以利修订时参考(联系人:陈鹏、毛松根、王立明,电话:0571-89709192、89708029、89709310)。标准文本可在浙江省地方标准网(www.db33.cnzjqi.com)下载。

浙江省交通运输厅办公室

2013 年 12 月 27 日

抄送:省交通集团公司。

浙江省交通运输厅办公室	2013 年 12 月 27 日印发

前　言

本规范按照《标准化工作导则　第1部分:标准的结构和编写》(GB/T 1.1—2009)给出的规则起草。

本规范由浙江省交通运输厅提出并归口。

本规范起草单位:浙江省交通规划设计研究院。

本规范主要起草人:杨少华、陈鹏、江建坤、陈建荣、曾俊、王涓、黄天元、曾怀武、毛斌、俞红光、胡永富、屠建波。

目　次

1　范围 ··· 1
2　规范性引用文件 ·· 2
3　术语和定义 ··· 3
4　符号及代号 ··· 5
5　基本规定 ·· 6
　5.1　总体要求 ··· 6
　5.2　标准轴载及设计交通量 ·· 6
　5.3　设计年限 ··· 7
　5.4　沥青路面气候分区 ·· 7
　5.5　结构设计一般要求 ·· 7
　5.6　沥青路面技术指标 ·· 8
　5.7　设计可靠度 ··· 9
　5.8　全寿命周期成本分析 ·· 9
　5.9　环境保护与改善 ··· 9
6　路面厚度及典型结构 ··· 10
　6.1　路面结构组成 ·· 10
　6.2　路面结构设计方法 ·· 10
7　基层、底基层、垫层 ··· 15
　7.1　半刚性基层、底基层 ·· 15
　7.2　柔性基层、底基层 ·· 16
　7.3　垫层 ·· 17
8　沥青面层 ·· 18
　8.1　一般规定 ··· 18
　8.2　路面材料 ··· 18
　8.3　沥青混合料 ·· 22
9　特殊路段路面结构 ·· 25
　9.1　软土路段路面 ·· 25
　9.2　长上坡路面 ·· 25
　9.3　桥面沥青混凝土铺装 ·· 25
　9.4　隧道路面 ··· 27

— I —

10	路面排水	28
10.1	一般规定	28
10.2	路表排水	28
10.3	路面内部排水	29
10.4	中央分隔带排水	30
10.5	桥面铺装排水	31
10.6	隧道路面排水	32

附录 A 浙江省气候分区资料（资料性附录） 33
附录 B 沥青路面结构不同材料层厚度当量换算系数（资料性附录） 34
附录 C 常用钢桥面铺装技术（资料性附录） 35
附录 D 橡胶沥青混合料（规范性附录） 44
附录 E 温拌沥青混合料（规范性附录） 46
附录 F 玄武岩纤维（资料性附录） 47
附件 《高等级公路沥青路面设计规范》条文说明 51

3	术语和定义	53
5	基本规定	55
6	路面厚度及典型结构	64
7	基层、底基层、垫层	73
8	沥青面层	75
9	特殊路段路面结构	78
10	路面排水	83

附录 C 常用钢桥面铺装技术（资料性附录） 87

1 范围

本规范规定了高等级公路沥青路面设计标准、性能、方法以及各结构层材料和混合料等的技术要求,未及方面应遵照《公路沥青路面设计规范》(JTG D50)的规定执行。

本规范适用于二级及二级以上公路沥青路面新建和改扩建设计,其他公路可参照执行。

2 规范性引用文件

下列文件对于本规范的应用是必不可少的。凡是注日期的引用文件,仅注日期的版本适用于本文件。凡是不注日期的引用文件,其最新版本(包括所有修改单)适用于本文件。

《公路工程技术标准》(JTG B01)
《公路环境保护设计规范》(JTG B04)
《公路路基设计规范》(JTG D30)
《公路沥青路面设计规范》(JTG D50)
《公路桥涵设计通用规范》(JTG D60)
《公路隧道设计规范》(JTG D70)
《公路工程沥青及沥青混合料试验规程》(JTG E20)
《公路工程岩土试验规程》(JTG E41)
《公路工程集料试验规程》(JTG E42)
《公路工程无机结合料稳定材料试验规程》(JTG E51)
《公路沥青路面施工技术规范》(JTG F40)
《公路工程质量检验评定标准》(JTG F80/1)
《公路排水设计规范》(JTJ 018)
《公路水泥稳定碎石基层振动成型法施工技术规范》(DB 33/T 836)
交公便字[2006]274号公路钢箱梁桥面铺装设计与施工技术指南

3 术语和定义

下列术语和定义适用于本规范。

3.1 高等级公路 high-grade highway

二级及二级以上的公路。

3.2 长上坡路面 long uphill pavement

重交通、特重交通条件下,坡度大于2.5%且长度大于800m的上坡路段路面。

3.3 路面设计可靠度 reliability of pavement design

在设计使用年限内将遇到的环境条件和荷载作用下,路面能够发挥其预期功能的概率。

3.4 全寿命周期成本分析 life cycle cost analysis

在路面全寿命周期内,不仅考虑建设费,而且考虑养护费、管理费、路面残值、改建费、用户费等并进行综合分析的成本分析法。

3.5 全厚式沥青路面 full-depth asphalt pavement

全部由沥青混合料组成的路面结构。

3.6 组合式沥青路面 combined type asphalt pavement

在柔性基层、半刚性基层、刚性基层、刚柔组合基层上铺设沥青面层的路面结构。

3.7 橡胶沥青路面 asphalt rubber pavement

在沥青混合料中使用橡胶颗粒(粉)的沥青路面。

3.8　树脂沥青组合体系钢桥面铺装 resin asphalt surfacing on steel bridge decks

由环氧碎石防水黏结层(EBCL)、树脂沥青铺装整体化层(RA)、沥青玛蹄脂碎石表面功能层(SMA)共三层组成的钢桥面铺装,简称ERS。

3.9　开级配沥青磨耗层 open graded friction course

由优质石料和高黏度改性沥青组成的高空隙率、开级配沥青混凝土层。

3.10　温拌沥青混合料 warm-mix asphalt mixture

通过掺入添加剂以及采取一定的技术措施,使沥青混合料能在相对较低的温度下进行拌和及施工,同时保持其不低于热拌沥青混合料使用性能的沥青混合料。

4 符号及代号

本规范各种符号、代号及其意义如下:

AC——密级配沥青混合料;

AC-C——密级配粗型沥青混合料;

E_0——路基回弹模量(MPa);

H——最小当量换算厚度(cm);

H'——当量换算厚度(cm);

IRI——国际平整度指数;

N_e——标准轴载累计当量轴次(次/车道);

n——路面结构层层数;

OGFC——开级配沥青磨耗层;

SMA——沥青玛蹄脂碎石混合料;

SFC_{60}——横向力系数;

TD——构造深度;

h_i——路面某结构层设计厚度(cm);

a_i——路面某结构层当量换算系数;

σ——标准差。

5 基本规定

5.1 总体要求

5.1.1 沥青路面设计应遵循"安全耐久、资源节约、环境协调"的原则,在材料选择、结构组合、工程应用、质量控制、成本核算、便利施工、利于养护等方面,做到因地制宜、科学合理、技术先进。

5.1.2 高速公路和一级公路沥青路面不宜采用分期修建。对于软土地区或高填方路基等可能产生较大沉降的路段,以及初期交通量较小的公路,可通过论证"分期设计、分期修建"。

5.1.3 沥青路面设计分为一般路段的常规设计和特殊路段的特殊设计。

5.1.4 应重视沥青路面全寿命周期成本分析,按不同的可靠度设计要求,经多方案比选,合理控制建设成本。

5.1.5 积极稳妥地应用新技术、新工艺、新材料,可通过试验及类似工程实践,掌握其工程特性、适用条件、质量标准,并根据其技术成熟度、质量可靠性以及性价比等因素,综合确定技术方案和应用规模。

5.1.6 沥青路面设计除应符合本规范的规定外,还应符合国家及行业现行有关标准、规范的规定。

5.2 标准轴载及设计交通量

5.2.1 路面设计采用双轮组单轴载 100kN 作为标准轴载,以 BZZ-100 表示。

5.2.2 路面设计交通量采用设计年限内一条车道上的标准轴载累计作用次数。应在调查交通组成及车型轴载谱的基础上,参照项目可行性研究报告等有关交通量预测资料,考虑未来各种车辆的车型组成和增长率,通过计算交工后第一年双向日平均当量轴次获得。

5.2.3 交通量宜根据表 5.2.3 的规定划分为四个等级。设计时可根据累计当量轴次 N_e(次/车道)或大型客车及中型以上各种货车交通量[辆/(d·车道)],选择一个较高的交通等级作为设计交通等级。

表 5.2.3 交 通 等 级

交通等级	代 号	大型客车及中型以上各种货车交通量 [辆/(d·车道)]	BZZ-100 累计标准当量轴次 N_e (次/车道)
轻	A	<600	$<3\times10^6$
中	B	600~1 500	3×10^6~1.2×10^7
重	C	1 500~3 000	1.2×10^7~2.5×10^7
特重	D1	3 000~4 000	$>2.5\times10^7$
	D2	4 000~5 000	
	D3	>5 000	

5.3 设计年限

沥青路面设计年限应根据浙江省内区域经济、交通发展情况和该公路在公路网中的地位和作用,综合考虑环境和投资条件确定,并且不低于表 5.3 的要求。

表 5.3 沥青路面设计年限

公 路 等 级	设计年限(年)	
	面层	整体结构
高速公路、一级公路	8~10	20~30
二级公路	5~10	15~30

5.4 沥青路面气候分区

5.4.1 在进行沥青路面性能设计时,应考虑各分区的气温、降雨量及地质特点,合理选择技术指标。

5.4.2 根据浙江省不同地区气候、地形及地质特点,细分为六个区:浙北平原、浙西丘陵、浙南山区、浙东丘陵、中部金衢盆地、东南沿海平原及岛屿(分区情况见附录 A)。

5.5 结构设计一般要求

5.5.1 不同路段路面应采用不同的结构组合设计。一般路段采用常规结构组合,对软土地基、长上坡、桥梁、隧道等特殊路段采用特殊结构组合。

5.5.2 沥青路面路床顶面与路床底面的路基回弹模量比不宜大于2。

5.5.3 路床顶面路基回弹模量值,轻交通路段应不小于30MPa,中交通路段应不小于35MPa,重交通路段应不小于40MPa,特重交通路段应不小于45MPa。

5.5.4 对于承载能力低,不满足路基回弹模量值要求的路床,应采取改变填料、增设粒料层或用低剂量无机结合料改善等措施。

5.5.5 半刚性基层、底基层应选用骨架密实型水泥稳定碎石或二灰(石灰、粉煤灰)碎石,单层压实厚度为150～200mm,可采用多层组合结构。

5.5.6 半刚性基层沥青路面的面层组成,高速公路及特重交通一级公路宜为三层结构,一级、二级公路宜为双层或三层结构,柔性基层沥青路面面层可采用双层结构。

5.5.7 挖方路段宜采用与填方路段相同的路面结构,受地下水影响路段宜增设垫层。

5.5.8 应做好路表、中央分隔带及路面结构内部排水设计。

5.6 沥青路面技术指标

沥青混凝土路面应满足面层平整、抗滑、耐久的要求,并具备高温抗车辙、低温抗开裂和良好的抗水损害能力。高等级公路各项路用性能应符合表5.6的要求。

表5.6 沥青路面技术指标

项 目	允 许 值			测 试 方 法
平整度	国际平整度指数 IRI(m/km)	高速、一级公路	二级公路	试验方法:T 0933、T 0932
		<2.0	<4.2	
	标准差 σ(mm) 下面层	<1.6	<3.0	
	标准差 σ(mm) 中面层	<1.2	<2.8	
	标准差 σ(mm) 表面层	<1.0	<2.5	
抗滑性能	横向力系数 SFC_{60}	≥54		横向力系数 SFC_{60} 是用横向力系数测试车在60km/h±1km/h车速下测得的横向力系数
	构造深度 TD(mm)	≥0.55		构造深度 TD(mm)用铺砂法测定
渗水系数(mL/min)	表面层	≤60		使用改进型渗水仪,着地环状宽度35mm,装有渗水仪开关;OGFC表面层除外
	中、下面层	≤90		

5.7 设计可靠度

为考虑预测交通量、气候条件、材料变异等各种不确定因素对路面使用性能的影响，确定实现路面设计目标的概率，在沥青路面设计中宜采用设计可靠度。

5.8 全寿命周期成本分析

沥青路面设计应树立全寿命周期成本的理念。在进行成本分析时宜综合考虑建设费、养护费、管理费、路面残值、改建费、用户费等。

5.9 环境保护与改善

5.9.1 沥青路面设计应考虑对沿线学校、医院、居民等的影响，必要时可采用降噪技术减少噪声污染。

5.9.2 沥青路面可通过结构层透水、排水等功能设计，提高抗高温变形、抗滑性能并改善雨天行车条件。

6 路面厚度及典型结构

6.1 路面结构组成

路面结构可由面层、基层、底基层和垫层组成,如图 6.1 所示。各结构层的设计厚度应根据结构组合、级配类型、施工条件和功能、性能等确定,并满足最小压实厚度要求。

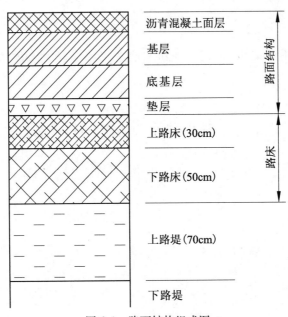

图 6.1 路面结构组成图

6.2 路面结构设计方法

路面结构设计可采用力学—经验法、当量厚度法,或查用典型结构。

6.2.1 力学—经验法

(1)路面结构设计采用《公路沥青路面设计规范》(JTG D50—2006)8.0.1 推荐的双圆均布垂直荷载作用下的弹性层状连续体系理论进行计算。

(2)路面结构以路表面回弹弯沉值、沥青混凝土层的层底拉应力及半刚性材料层的层底拉应力为设计或验算指标。

6.2.2 当量厚度法

(1)沥青路面结构层厚度取决于路基强度和路面所受的车辆标准轴载累计轴次。

(2)根据土基强度和车辆累计轴次可以算出路面结构最小当量换算厚度。

对于高速公路、一级公路,当目标可靠度为90%时:

$$H = 7.66 \frac{N_e^{0.16}}{E_0^{0.3}} \qquad (6.2.2\text{-}1)$$

对于二级公路,当目标可靠度为75%时:

$$H = 6.84 \frac{N_e^{0.16}}{E_0^{0.3}} \qquad (6.2.2\text{-}2)$$

式中:H——最小当量换算厚度(cm);

N_e——标准轴载累计当量轴次(次/车道);

E_0——路基回弹模量(MPa),按 $E_0 = 10\text{CBR}$ 换算,CBR 为路基加州承载比(%)。

(3)根据经验拟定沥青路面各结构层设计厚度后,由各结构层设计厚度乘以当量换算系数(附录B)后累加得到沥青路面结构当量换算厚度。

$$H' = \sum_{i=1}^{n} a_i \cdot h_i \qquad (6.2.2\text{-}3)$$

式中:H'——当量换算厚度(cm);

a_i——路面某结构层当量换算系数;

h_i——路面某结构层设计厚度(cm);

n——路面结构层层数。

(4)当 $H' \geq H$ 时,路面结构厚度设计满足要求,否则,重新拟定各结构层设计厚度进行验算。

6.2.3 典型结构

典型结构主要有半刚性基层、刚柔组合基层沥青路面两种类型。

(1)半刚性基层沥青路面典型结构。

①高速公路沥青面层总厚度不应小于180mm,分表面层、中面层和下面层三层。表面层采用细粒式沥青混凝土,中面层采用中粒式沥青混凝土,下面层采用粗粒式沥青混凝土,表面层、中面层应采用改性沥青。典型结构见表6.2.3-1。

②特重交通一级公路采用总厚度不小于150mm的三层结构,表面层、中面层应采用改性沥青,其他交通等级的一级公路、二级公路宜采用100~150mm的双层或三层结构。典型结构见表6.2.3-2和表6.2.3-3。

表6.2.3-1　高速公路沥青路面典型结构

项　目	典型结构一	典型结构二
交通等级	特重 D3	特重 D2
面层	180~200mm 沥青混凝土	180~200mm 沥青混凝土
基层	320~400mm 水泥稳定碎石	320~400mm 水泥稳定碎石
底基层	300~360mm 水泥稳定碎石	180~200mm 水泥稳定碎石
路基回弹模量(MPa)	≥45	≥45

续上表

项　目	典型结构三	典型结构四
交通等级	特重 D1	重
面层	180mm 沥青混凝土	180mm 沥青混凝土
基层	320～400mm 水泥稳定碎石	320～380mm 水泥稳定碎石
底基层	150～200mm 水泥稳定碎石	150～200mm 水泥稳定碎石
路基回弹模量（MPa）	≥45	≥40
项　目	典型结构五	典型结构六
交通等级	重	中
面层	180mm 沥青混凝土	180mm 沥青混凝土
基层	180～200mm 水泥稳定碎石	300～340mm 水泥稳定碎石
底基层	320～400mm 水泥稳定碎石	150～200mm 水泥稳定碎石
路基回弹模量（MPa）	≥40	≥40
项　目	典型结构七	
交通等级	中	
面层	180mm 沥青混凝土	
基层	180～200mm 水泥稳定碎石	
底基层	320～360mm 水泥稳定碎石	
路基回弹模量（MPa）	≥40	

表6.2.3-2　一级公路沥青路面典型结构

项　目	典型结构一	典型结构二
交通等级	特重 D3	特重 D1、D2
面层	180mm 沥青混凝土	150mm 沥青混凝土
基层	320～400mm 水泥稳定碎石	320～400mm 水泥稳定碎石
底基层	300～360mm 水泥稳定碎石	180～200mm 水泥稳定碎石
路基回弹模量（MPa）	≥45	≥45
项　目	典型结构三	典型结构四
交通等级	重	重
面层	120～150mm 沥青混凝土	120～150mm 沥青混凝土
基层	180～200mm 水泥稳定碎石	320～400mm 水泥稳定碎石
底基层	340～400mm 水泥稳定碎石	150～200mm 水泥稳定碎石
路基回弹模量（MPa）	≥40	≥40
项　目	典型结构五	典型结构六
交通等级	中	中
面层	100mm 沥青混凝土	100mm 沥青混凝土

续上表

项　目	典型结构五	典型结构六
基层	180~200mm 水泥稳定碎石	320~400mm 水泥稳定碎石
底基层	300~400mm 水泥稳定碎石	150~200mm 水泥稳定碎石
路基回弹模量（MPa）	≥35	≥35

表 6.2.3-3　二级公路沥青路面典型结构

项　目	典型结构一	典型结构二
交通等级	重	重
面层	120~150mm 沥青混凝土	120~150mm 沥青混凝土
基层	180~200mm 水泥稳定碎石	320~380mm 水泥稳定碎石
底基层	320~400mm 水泥稳定碎石	150~200mm 水泥稳定碎石
路基回弹模量（MPa）	≥40	≥40
项　目	典型结构三	典型结构四
交通等级	中	中
面层	100mm 沥青混凝土	100mm 沥青混凝土
基层	180~200mm 水泥稳定碎石	300~400mm 水泥稳定碎石
底基层	300~400mm 水泥稳定碎石	160~200mm 水泥稳定碎石
路基回弹模量（MPa）	≥35	≥35
项　目	典型结构五	典型结构六
交通等级	轻	轻
面层	100mm 沥青混凝土	100mm 沥青混凝土
基层	180~200mm 水泥稳定碎石	180~200mm 水泥稳定碎石
底基层	300~330mm 水泥稳定碎石	150~200mm 水泥稳定碎石
路基回弹模量（MPa）	≥30	≥30

（2）刚柔组合基层沥青路面典型结构见表 6.2.3-4。

表 6.2.3-4　刚柔组合基层沥青路面典型结构

项　目	典型结构一	典型结构二
交通等级	特重	特重
面层	180mm 沥青混凝土	100~120mm 沥青混凝土
基层	80~140mm 沥青稳定碎石 180~200mm 水泥稳定碎石	180~220mm 沥青稳定碎石
底基层	180~200mm 水泥稳定碎石	320~360mm 水泥稳定碎石
路基回弹模量（MPa）	≥45	≥45
项　目	典型结构三	典型结构四
交通等级	重	重

续上表

项　目	典型结构三	典型结构四
面层	180mm 沥青混凝土	100～120mm 沥青混凝土
基层	80～120mm 沥青稳定碎石 120～160mm 级配碎石	140～160mm 沥青稳定碎石 120～160mm 级配碎石
底基层	300mm 水泥稳定碎石	300mm 水泥稳定碎石
路基回弹模量（MPa）	≥40	≥40

7 基层、底基层、垫层

7.1 半刚性基层、底基层

7.1.1 水泥稳定碎石基层、底基层应具有足够的强度和稳定性、较小的收缩(温缩及干缩)变形和较强的抗冲刷能力。

7.1.2 水泥稳定碎石基层、底基层应采用骨架密实型混合料。

7.1.3 普通硅酸盐水泥、矿渣硅酸盐水泥、火山灰质硅酸盐水泥和复合硅酸盐水泥都可用于拌制水泥稳定碎石混合料,宜采用强度等级42.5或32.5的水泥。水泥初凝时间应大于3h,终凝时间应在6h以上,不得使用快硬水泥、早强水泥或者已受潮变质的水泥。

7.1.4 水泥稳定碎石混合料中集料应采用反击式破碎机轧制并经除尘处理,其技术指标应符合表7.1.4的要求。

表7.1.4 碎石技术指标要求

指 标	单 位	技术指标	
		粗集料	细集料
压碎值	%	≤25	—
表观相对密度	—	≥2.5	≥2.5
吸水率	%	≤3	—
坚固性	%	≤12	≤12
水洗法<0.075mm颗粒含量	%	≤2.0	≤15(石灰岩) ≤10(其他)
亚甲蓝值	%	—	≤3.0
针片状颗粒含量 4.75~9.5mm 大于9.5mm	%	≤25 ≤15	—
软石含量	%	≤5	—

7.1.5 水泥稳定碎石混合料配合比设计按无侧限抗压强度试验方法确定满足设计要求的配合比,其集料级配应符合表7.1.5的要求,并控制4.75mm筛孔的通过率接近级配范围中值。

表7.1.5 水泥稳定碎石混合料集料级配范围要求

筛孔(mm)		31.5	19.0	9.5	4.75	2.36	0.6	0.075
通过率(%)	上限	100	85	54	35	26	15	5
	下限	100	75	42	25	16	8	0

7.1.6 水泥稳定碎石混合料试件成型应采用振动成型方法,设计水泥剂量和7d无侧限抗压强度应符合表7.1.6的要求。

表7.1.6 水泥稳定碎石混合料技术性能要求

项 目	设计强度(MPa)	设计水泥剂量(%)	
		最大	最小
基层	5~6.5	4.5	3.0
底基层	≥4.0	3.5	2.5

7.2 柔性基层、底基层

7.2.1 柔性基层、底基层宜采用沥青稳定碎石或级配碎石。沥青稳定碎石适用于中等及中等以上交通等级公路的基层或改建工程的调平层,级配碎石宜用于沥青面层或沥青稳定碎石与半刚性基层之间的基层,也可作为底基层。

7.2.2 沥青稳定碎石的集料和沥青等原材料的技术要求应符合本规范8.2的规定。

7.2.3 沥青稳定碎石混合料宜选择密级配的级配类型,其配合比设计宜采用马歇尔设计方法或Superpave设计方法。采用Superpave设计方法时,应按照马歇尔设计方法进行试验和设计检验。

7.2.4 沥青稳定碎石的公称最大粒径宜用26.5mm,其矿料级配应符合表7.2.4的要求。沥青稳定碎石ATB-25每层的适宜厚度为80~120mm。

表7.2.4 沥青稳定碎石混合料集料级配范围

筛孔(mm)	31.5	26.5	19	16	13.2	9.5	4.75	2.36	1.18	0.6	0.3	0.15	0.075
通过率(%)	100	95~100	60~80	48~68	42~62	32~52	20~40	15~32	10~25	8~18	5~14	3~10	2~6

7.2.5 级配碎石宜用粒径不同的碎石和石屑掺配拌制而成。作为过渡层时,其集料级配组成应符合表7.2.5的要求。当采用重型击实标准设计时,压实度应大于98%,CBR值不应小于100%。级配碎石每层的适宜厚度为100~200mm。

表7.2.5 级配碎石混合料集料级配范围

筛孔(mm)	26.5	16	9.5	4.75	1.18	0.6	0.075
通过率(%)	100	85~100	60~80	30~50	15~30	10~20	0~5

7.3 垫层

7.3.1 挖方或低填浅挖受地下水位影响的路段应设置垫层。

7.3.2 垫层通常不作为承重层,在路面结构厚度计算和验算时不予考虑。

7.3.3 垫层材料可选用天然砂砾、未筛分碎石、级配碎石等粒料,材料最大粒径应不超过结构层厚度的1/2,且最大粒径应不超过50mm,以保证形成骨架结构,提高结构层的稳定性。垫层厚度根据路床地质情况确定,一般情况下,土质、全风化岩地基换填800mm,强风化岩地基换填500mm,其他岩质地基换填300mm。

7.3.4 垫层应与路基排水系统相连接,宽度应铺筑到路基边缘或与边沟下的渗沟相连接。

8 沥青面层

8.1 一般规定

沥青混凝土表面层宜采用 AC-13C,有条件时也可采用橡胶沥青 ARAC-13。重、特重交通路段优先选用 SMA-13;中、下面层宜采用 AC-20C、AC-25C,重、特重交通路段宜选用 Sup-20、Sup-25;当有抗滑、降噪和排水功能等特殊要求时,表面层可采用 OGFC-13、OGFC-16。

8.2 路面材料

8.2.1 沥青路面使用的各种材料的检测报告应以现场取样质量检验为准。

8.2.2 道路石油沥青。
(1)改性沥青可采用高分子聚合物、天然沥青及其他改性材料单一或复合制作。
(2)改性沥青的基质沥青及下面层的沥青宜采用 A 级 70 号道路石油沥青。

A 级 70 号道路石油沥青及 SBS 改性沥青技术要求分别见表 8.2.2-1 和表 8.2.2-2。其中 SHRP 性能等级要求对应 Superpave 设计方法时采用。

表 8.2.2-1　A 级 70 号道路石油沥青技术要求

试 验 项 目		单 位	技 术 要 求
针入度(25℃,100g,5s)		0.1mm	60~80
延度(5cm/min,15℃)		cm	≥100
延度(5cm/min,10℃)		cm	≥20
软化点(环球法)		℃	≥46
溶解度(三氯乙烯)		%	≥99.5
针入度指数 PI		—	−1.5~+1.0
薄膜加热试验 (163℃,5h)	质量变化	%	≤0.6
	针入度比	%	≥65
	延度(10℃)	cm	≥6
闪点(COC)		℃	≥260
蜡含量(蒸馏法)		%	≤2

续上表

试 验 项 目	单 位	技 术 要 求
密度(15℃)	g/cm³	≥1.01
动力黏度(60℃)	Pa·s	≥180
SHRP性能等级	—	PG64-22

表8.2.2-2 SBS改性沥青(A级70号道路石油沥青)技术要求

试 验 项 目		单 位	技 术 要 求
针入度(25℃,100g,5s)		0.1mm	50~70
针入度指数PI			≥0
延度(5cm/min,5℃)		cm	≥25
软化点(环球法)		℃	≥65
运动黏度(135℃)		Pa·s	≤3
闪点		℃	≥230
溶解度(三氯乙烯)		%	≥99
离析,软化点差		℃	≤2.5
弹性恢复(25℃)		%	≥80
旋转薄膜加热试验后	质量变化	%	≤1
	针入度比(25℃)	%	≥65
	延度(5cm/min,5℃)	cm	≥20
SHRP性能等级		—	PG76-22

(3)黏层宜采用SBS改性乳化沥青,洒布量折算成纯沥青一般为0.2~0.3kg/m²。

(4)半刚性基层上的透封层沥青宜采用SBS改性乳化沥青或SBR改性乳化沥青或热沥青。乳化沥青洒布量宜为0.9~1.0kg/m²(沥青净含量),碎石粒径采用2.36~4.75mm,撒布量一般为10~16kg/m²;热沥青一般为0.7~1.0kg/m²,碎石粒径采用4.75~9.5mm,撒布量一般为9~10kg/m²。采用预拌碎石时,沥青用量控制在0.4%~0.6%。

SBS改性乳化沥青技术要求见表8.2.2-3。

表8.2.2-3 SBS改性乳化沥青技术要求

试 验 项 目	单 位	技 术 要 求
破乳速度	—	快、中裂
粒子电荷	—	阳离子(+)
沥青标准黏度$C_{25,3}$	s	8~25
沥青恩格拉黏度E_{25}	—	1~10
筛上剩余量(1.18mm)	%	≤0.1
与粗集料的黏附性,裹覆面积		≥2/3

续上表

试验项目		单位	技术要求
蒸发残留物(163℃)	残留物含量	%	≥50
	针入度(25℃,100g,5s)	0.1mm	40~120
	软化点	℃	≥50
	延度(5℃,5cm/min)	cm	≥20
	弹性恢复(25℃,1h)	%	≥60
	溶解度(三氯乙烯)	%	≥97.5
常温储存稳定性	1d	%	≤1
	5d	%	≤5

8.2.3 路用矿料

（1）粗集料。

沥青面层用粗集料应采用石质坚硬、洁净、干燥、无风化、无杂质、近正方体、有棱角的碎石,粒径大于2.36mm。面层碎石必须采用反击式破碎机,以及规定的除尘、整形加工工艺进行轧制,严格限制集料的针片状颗粒含量和含泥量。表面层宜采用玄武岩或辉绿岩等符合要求的集料,中、下面层宜采用石灰岩等碱性集料。粗集料相应技术指标要求见表8.2.3-1和表8.2.3-2。

表8.2.3-1 沥青表面层用粗集料质量技术要求

试验项目		单位	技术要求	
石料压碎值		%	常温	≤20
			高温	≤24
洛杉矶磨耗损失		%	≤28	
表观相对密度		—	≥2.6	
吸水率		%	≤2	
对沥青的黏附性		—	≥5级	
坚固性		%	≤12	
针片状颗粒含量	混合料	%	≤12	
	4.75~13.2mm		≤15	
	13.2mm以上		≤10	
水洗法<0.075mm颗粒含量	粒径大于4.75mm	%	≤0.8	
	粒径2.36~4.75mm		≤2	
软石含量		%	≤2.5	
石料磨光值(PSV)		—	≥42	
方解石含量		%	≤10	

未掺加抗剥落剂之前,粗集料与普通沥青或基质沥青的黏附性表面层不得低于4级,中、下面层不得低于3级;不符合表8.2.3-1与表8.2.3-2的要求时,宜掺加消石灰、水泥

或用饱和石灰水处理后使用,必要时可同时在沥青中掺加耐热、耐水、长期性能好的抗剥落剂,也可采用改性沥青的措施,使沥青混合料的水稳定性达到要求。

表 8.2.3-2　沥青中、下面层用粗集料质量技术要求

试验项目		单位	技术要求
石料压碎值		%	≤24
洛杉矶磨耗损失		%	≤28
表观相对密度		—	≥2.6
吸水率		%	≤2
对沥青的黏附性		—	≥4 级
坚固性		%	≤12
针片状颗粒含量	混合料	%	≤15
	4.75～13.2mm		≤18
	13.2mm 以上		≤12
水洗法<0.075mm 颗粒含量	粒径大于 4.75mm	%	≤1
	粒径 2.36～4.75mm		≤2
软石含量		%	≤3.5
方解石含量		%	≤15

(2)细集料。

沥青面层细集料应采用坚硬、洁净、干燥、无风化、无杂质并有适当颗粒级配的100%破碎机制砂,粒径应小于2.36mm。细集料优先选用石灰岩石质,当受条件限制时可选用玄武岩、辉绿岩等其他基性岩质,不得选用酸性岩质,不能采用石屑,严禁采用山场下脚料。细集料相应技术指标要求见表8.2.3-3。

表 8.2.3-3　沥青面层用细集料质量技术要求

试验项目	单位	技术要求
表观相对密度	—	≥2.6
坚固性(>0.3mm 部分)	%	≤12
含泥量(小于 0.075mm 的含量)	%	≤3
砂当量	%	≥60
棱角性	s	≥30
亚甲蓝	g/kg	≤5

(3)矿粉。

沥青面层用矿粉要求采用石灰岩或岩浆岩中的强基性岩石等憎水性石料磨制的矿粉,原石料中的泥土等杂质应除净。矿粉要求干燥、洁净,禁止使用回收粉尘,矿粉质量技术要求见表8.2.3-4。

表 8.2.3-4 沥青面层用矿粉质量技术要求

试 验 项 目		单 位	技 术 要 求
表观密度		t/m³	≥2.6
含水率		%	≤1
粒度范围	<0.6mm	%	100
	<0.15mm		90~100
	<0.075mm		75~100
外观		—	无团粒结块
亲水系数		—	<1
塑性指数		%	<4

8.3 沥青混合料

8.3.1 热拌沥青混合料类型按集料公称最大粒径、矿料级配、空隙率等划分。设计应按照实际气候特点、交通条件、路面使用性能要求、结构层功能、施工条件等因素合理选择组合。

8.3.2 沥青面层集料的最大粒径宜按结构层从上至下逐渐增大,并应与压实层厚度相匹配。对于热拌热铺密级配沥青混合料,沥青面层每层的压实厚度不宜小于集料公称最大粒径的 2.5~3 倍;对于 SMA 和 OGFC 等嵌挤型混合料不宜小于公称最大粒径的 2~2.5 倍。

8.3.3 沥青混合料配合比设计采用马歇尔设计方法或 Superpave 设计方法。采用 Superpave 设计方法时,应按照马歇尔设计方法进行试验和设计检验。

(1)沥青混合料马歇尔试验配合比设计技术要求应符合表 8.3.3-1 和表 8.3.3-2 的规定,并有良好的施工性能。

表 8.3.3-1 沥青混凝土混合料马歇尔试验技术标准

试 验 项 目	单 位	密级配沥青混凝土 (公称最大粒径≤26.5mm)	SMA 混合料	OGFC 混合料
击实次数(双面)	次	75	75	50
试件尺寸	mm	φ101.6×63.5		
空隙率 VV	%	3~6	3~4.5	18~25
矿料间隙率 VMA	%	—	≥16.5	
粗集料骨架间隙率 VCA_{Mmix}	—		≤VCA_{DRC}	
稳定度 MS	kN	≥8	≥6	≥3.5
流值 FL	0.1mm	普通:20~40 改性:20~50	改性:20~50	—

续上表

试验项目	单位	密级配沥青混凝土（公称最大粒径≤26.5mm）	SMA 混合料	OGFC 混合料
沥青饱和度 VFA	%	65~75	70~85	—
析漏损失	%	—	≤0.1	<0.3
肯塔堡飞散损失	%	—	≤15	<20

注：1. 沥青混凝土混合料矿料间隙率 VMA(%)：当马歇尔试件设计空隙率为 3%、4%、5%、6% 时，公称最大粒径为 26.5mm 的最小 VMA 分别为 11、12、13、14；公称最大粒径为 19mm 的最小 VMA 分别为 12、13、14、15；公称最大粒径为 13.2mm 的最小 VMA 分别为 13、14、15、16。当设计的空隙率不是整数时，由内插确定要求的 VMA 最小值。

2. 谢伦堡沥青析漏试验在施工最高温度下进行，没有明确规定时，改性沥青混合料的试验温度为 185℃。

表 8.3.3-2　沥青混凝土配合比设计检验指标技术要求

试验项目	单位	密级配沥青混凝土（公称最大粒径≤19mm）		SMA 混合料	OGFC 混合料
		普通	改性		
车辙试验动稳定度*	次/mm	≥1 000	≥3 000	≥3 500	≥3 000
水稳定性：残留马歇尔稳定度 冻融劈裂试验残留强度比	%	≥80 ≥75	≥85 ≥80	≥85 ≥80	—
低温弯曲破坏应变 (-10℃，加载速率 50mm/min)	μs	≥2 000	≥2 500	—	—

注：* 车辙试验试件不得采用经二次加热重塑成型的试件，试验必须检验其密度是否符合试验规程的要求。

（2）Superpave 沥青混合料设计集料级配限制区界限和控制点界限宜符合表 8.3.3-3 和表 8.3.3-4 的规定。

表 8.3.3-3　Sup-20、Sup-25 设计集料级配限制区界限

限制区范围（通过率,%）	筛孔尺寸(mm)	0.3	0.6	1.18	2.36	4.75
Sup-20	最小	13.7	16.7	22.3	34.6	—
	最大	13.7	20.7	28.3	34.6	—
Sup-25	最小	11.4	13.6	18.1	26.8	39.5
	最大	11.4	17.6	24.1	30.8	39.5

表 8.3.3-4　Sup-20、Sup-25 设计集料级配控制点界限

控制点范围（通过率,%）	筛孔尺寸(mm)	25	19	12.5	2.36	0.075
Sup-20	最小	—	90	90	23	2
	最大	—	100	—	49	8
Sup-25	最小	90	90	—	19	1
	最大	100	—	—	45	7

（3）Superpave 沥青混合料的技术指标应符合表 8.3.3-5 的规定,混合料马歇尔试验验证技术指标应符合表 8.3.3-6 的规定。

表 8.3.3-5 Sup-20、Sup-25 技术指标表

沥青混合料类型	压实度(%)			VMA(%)	VFA(%)	F/A	AASHTO T283
	$N_{初始}$	$N_{设计}$	$N_{最大}$				
Sup-20	≤89	96	≤98	≥13	65～75	0.6～1.2*	≥80
Sup-25	≤89	96	≤98	≥12	65～75	0.6～1.2*	≥80

注：* 当级配在禁区下方通过时,粉胶比可取值 0.8～1.6。

表 8.3.3-6 Sup-20、Sup-25 混合料马歇尔试验验证技术指标表

沥青混合料类型	空隙率(%)	稳定度(kN)	流值(mm)	VFA(%)	VMA(%)	残留稳定度(%)	冻融劈裂强度比(%)
Sup-20	4～6	≥8.0	2～5	60～70	≥13	≥85	≥80
Sup-25	4～6	≥8.0	2～4	60～70	≥12	≥85	—

8.3.4 沥青混合料的矿料级配应符合工程设计规定的级配范围,常用级配曲线范围见表 8.3.4。

表 8.3.4 常用级配曲线范围

级配类型	通过下列筛孔(方孔筛,mm)的质量百分率(%)												
	31.5	26.5	19	16	13.2	9.5	4.75	2.36	1.18	0.6	0.3	0.15	0.075
AC-25C 石灰岩	100	95～100	80～86	68～80	61～71	51～60	35～39	22～29	16～22	11～15	8～11	6～8	4～6
AC-25C 凝灰岩	100	96～100	80～88	70～80	62～70	52～58	34～40	24～29	17～22	12～16	8～11	6～8	5～7
AC-20C 石灰岩		100	93～100	82～92	73～77	56～64	36～42	23～30	17～23	12～16	8～12	7～9	4～6
AC-20C 凝灰岩		100	92～100	80～91	63～83	54～68	36～42	25～32	16～25	11～18	8～13	6～9	4～6
AC-13C 玄武岩				100	90～100	72～80	42～50	30～35	20～25	15～20	10～15	6～10	5～7
SMA-13				100	90～100	50～75	22～32	16～26	14～24	12～20	10～16	9～13	8～12

8.3.5 橡胶沥青混合料级配及技术要求详见附录 D。

9 特殊路段路面结构

9.1 软土路段路面

9.1.1 软土路段路面结构宜采用柔性基层沥青路面。

9.1.2 软土地基路段路堤需沉降稳定且小于设计允许值后，方可卸载开挖路槽并开始铺设路面；基层连续两个月的月实测沉降量小于3mm，才能铺筑沥青下面层。

9.1.3 深厚软土地基路堤、填海路堤等公路路面，根据实际条件，可分期修建。

9.2 长上坡路面

9.2.1 路面面层应具有良好的抗车辙、抗滑能力，可选用 AC、SMA、Superpave 型沥青混合料。

9.2.2 表面、中面层应采用 SBS 改性沥青，或 SBS 与天然沥青、低标号沥青等复合改性，也可根据需要掺加玄武岩纤维(附录 F)或抗车辙剂等。

9.2.3 表面、中面层的沥青混凝土动稳定度应不小于 5 000 次/mm。

9.3 桥面沥青混凝土铺装

9.3.1 高速公路、一级公路的桥面铺装厚度宜为 70~100mm，二级公路桥面铺装厚度宜为 50~90mm。表面层厚度不小于30mm。

9.3.2 当桥面与路面连续施工时，大、中、小桥的面层结构与厚度宜与两端路线的表面层、中面层相同。对特大桥、重要大桥应进行专项设计，并检验桥面铺装各结构层间的抗剪强度和抗拔强度。

9.3.3 水泥混凝土桥面铺装结构

(1)水泥混凝土桥面铺装结构通常由防水(黏结)层和沥青混凝土铺装层等组成，如图 9.3.3 所示。

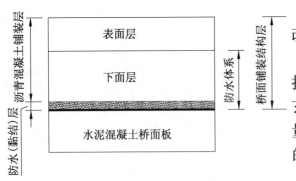

图 9.3.3 水泥混凝土桥面铺装结构示意图

(2)防水(黏结)层可采用改性热沥青、改性乳化沥青,并撒布石屑或沥青预拌碎石。

改性热沥青用量宜为 $1.0 \sim 1.2 kg/m^2$,预拌碎石沥青用量为 $0.4\% \sim 0.6\%$,碎石宜采用玄武岩或硬质石灰岩,粒径 $4.75 \sim 9.5 mm$,用量宜为 $9 \sim 10 kg/m^2$,覆盖率应达到桥面面积的 70% 以上,不重叠、不松散、不成堆。

改性乳化沥青喷洒量折算成纯沥青宜为 $0.4 \sim 0.5 kg/m^2$。

(3)防水(黏结)层施工前应采用抛丸、铣刨等方式对桥面进行处理,以清除浮浆、结硬杂物等,处理后应做到桥面集料外露,有较好的粗糙度。

(4)防水(黏结)层与沥青混凝土铺装层之间或防水(黏结)层与混凝土板之间拉拔强度应大于 0.3MPa,剪切强度应大于 0.4MPa。

9.3.4 钢桥面铺装结构

(1)钢桥面铺装结构通常由防锈层、防水(黏结)层、沥青混凝土铺装层等组成。对铺装层使用的改性沥青,宜单独提出相应的技术要求。

(2)钢桥面板应采用真空无尘抛丸的除锈方法,处理后钢板表面不应有焊渣、焊疤、灰尘、油污、水和毛刺等,其清洁度应达到 Sa2.5 级,粗糙度宜为 $80 \sim 100 \mu m$。

(3)钢桥面的防水黏结宜采用环氧树脂类涂层、环氧富锌漆等。当采用浇注式沥青混凝土铺装层时可不设防水黏结层。

(4)钢桥面铺装结构主要有三种(详见附录 C):①树脂沥青组合体系,铺装总厚度宜为 $55 \sim 75mm$,其中 RA05 层厚度一般为 $15 \sim 25mm$;②浇注式沥青混凝土结合 SMA,铺装总厚度宜为 $55 \sim 80mm$,铺装下层浇注式沥青混凝土宜取 $25 \sim 40mm$,相应面层厚度宜为 $30 \sim 40mm$;③双层环氧沥青混凝土,铺装总厚度一般为 $50 \sim 55mm$,每层厚度宜取 $25 \sim 30mm$。图 9.3.4 为钢桥面铺装结构典型示意图。

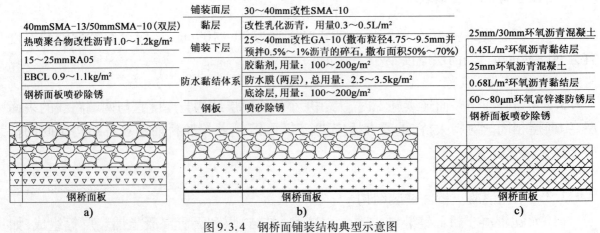

图 9.3.4 钢桥面铺装结构典型示意图

a)树脂沥青组合体系(EBCL + RA05 + SMA);b)浇注式沥青混凝土结合 SMA;c)双层环氧沥青混凝土

9.4 隧道路面

9.4.1 隧道内的路面宜采用沥青面层与水泥混凝土基层复合结构。

9.4.2 隧道路面典型结构见表9.4.2。

表9.4.2 隧道路面典型结构

结 构		交 通 等 级		
		特重交通	重交通	中等交通
面 层	沥青混凝土(mm)	100~120	60~100	60~100
基 层	普通混凝土、连续配筋混凝土(mm)	260~280	240~260	220~240

注：特重和重交通等级建议基层采用连续配筋混凝土，中等交通采用普通混凝土。

9.4.3 隧道采用与相邻路段相同的沥青混凝土类型；特长隧道宜采用温拌沥青。

9.4.4 隧道洞口应设置不同路面结构过渡段。长度小于60m的桥梁与隧道、隧道与隧道相接路基，可采用与相邻隧道路面结构相近的结构，典型结构见表9.4.4。

表9.4.4 桥隧相接段路面典型结构

结 构		交 通 等 级		
		特重交通	重交通	中等交通
面 层	沥青混凝土(mm)	100~120	60~100	60~100
基 层	普通混凝土、连续配筋混凝土(mm)	320~360	300~340	280~320
垫 层	素混凝土(mm)	150	150	150

9.4.5 水泥混凝土板面应抛丸处理并设置防水黏结层，防水黏结层可采用改性乳化沥青、SBS改性热沥青，并撒石屑或沥青预拌碎石。

10 路面排水

10.1 一般规定

10.1.1 路面排水应按照防、排、截相结合的原则,根据公路等级、降水量、路线纵坡、沿线规划等因素,结合路基、桥涵及隧道结构物排水设计,合理选择排水方案,布置排水设施,形成完整畅通的排水体系,并做到与环境保护和景观设计等相协调。

10.1.2 路面排水包括路表排水、路面内部排水、中央分隔带排水、桥面铺装排水、隧道路面排水等。

10.1.3 对地下水位较高、排水不畅、高架桥桥面以及水环境强敏感区等特殊路段应进行路面排水系统的专项设计。

10.2 路表排水

10.2.1 路表排水包括分散排水和集中排水两种形式。一般路段路表排水宜采用分散排水方式,分散排水设计应与路基边坡防护、边沟或排水沟相结合;冲刷相对严重路段宜采用集中排水方式,公路经过水环境中等敏感区和强敏感区应采用集中排水方式,并且路表水应达标后排放。

10.2.2 对路基设置连续实体混凝土护栏的路段,应采取措施使路表水透过护栏底部排向路基边坡,确保路表水不滞留在路侧防撞护栏底部。

10.2.3 设置拦水带汇集路面表面水时,过水断面内的水面不得漫过右侧车道外边缘,拦水带宜采用C25水泥混凝土预制。

泄水口的间距应根据计算确定,宜为25~50m。泄水口长度宜为0.5~1.0m,在凹形竖曲线的底部应设置泄水口并适当加密。

10.2.4 土路肩表面宜选用植草皮生态防护,冲刷相对严重路段可采用细石混凝土或掺灰土加固硬化处理,其横坡宜采用3%~4%。

土路肩培土宜采用碎石或砂砾等透水性材料填筑,以利路面边部排水。

10.3 路面内部排水

10.3.1 路面结构内部排水系统主要分边缘排水和结构层排水两类。

10.3.2 高速公路和特重、重交通一级公路应设置路面边缘排水结构。

10.3.3 路面边缘排水应根据不同的路面结构、土路肩加固形式及路堤边坡坡率,因地制宜地选用合适的路面边部构造,以利于路面结构排水。

(1) 半刚性基层沥青路面。

一般路段路面边缘排水采用防、排相结合的工程措施;缓坡路段路面边缘排水路径较长,宜采用以防为主的工程措施,如图10.3.3-1所示构造。

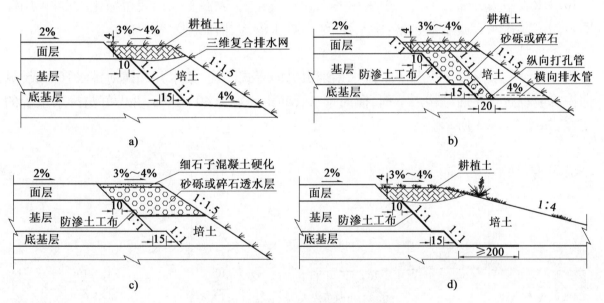

图 10.3.3-1 路面边缘排水构造(尺寸单位:cm)

(2) 刚柔组合基层沥青路面。

水泥稳定碎石底基层和级配碎石层之间设置封层,并在级配碎石层边部设置横向PVC排水管或级配碎石层铺设至路基边缘,将路面渗水从底基层顶面排出,如图10.3.3-2所示。

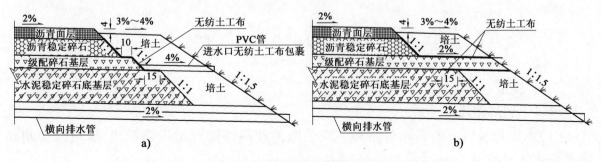

图 10.3.3-2 刚柔组合基层路面边缘排水构造(尺寸单位:cm)

（3）OGFC 混合料沥青路面。

土路肩顶面宜低于 OGFC 底面 20～40mm，便于 OGFC 层内水的顺利排出，并做好与排水系统的衔接。

10.3.4 结构层排水

当路面内部可能出现滞留水时，可设置沥青碎石或骨架空隙型水泥稳定碎石排水基层。

10.4 中央分隔带排水

10.4.1 中央分隔带排水应根据分隔带宽度、绿化要求、管线设置方案、交通安全设施形式、分隔带表面处理方式等因素选择不同的方案。

10.4.2 中央分隔带形式一般采用齐平式和凸起式，表面多采用栽植绿化，也可采用铺面封闭。其排水设施主要包括：集水井、纵向排水渗沟、横向排水管等。

10.4.3 一般路段中央分隔带排水系统由纵向管式渗沟、集水井和横向排水管构成，纵向渗沟应设置在路面结构层下面，横向排水管间距一般为 40～80m，并做好与排水系统的衔接，如图 10.4.3 所示。

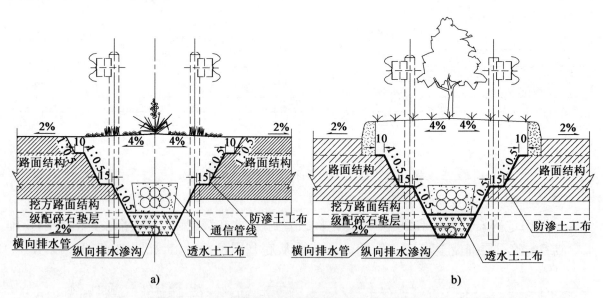

图 10.4.3 一般路段中央分隔带排水设计（尺寸单位：cm）
a）齐平式；b）凸起式

10.4.4 超高路段。

（1）六车道及以上的高速公路和一级公路的超高路段宜增设路拱线，尽量减少超高路段缓坡区域范围。

（2）高速公路和重交通、特重交通的一级公路超高路段中央分隔带应设置纵向排水沟,将超高外侧的路表水汇集于集水井,再通过横向排水管将水排出路基外,如图10.4.4所示,严禁超高外侧的路表水横向漫流至超高内侧路面。

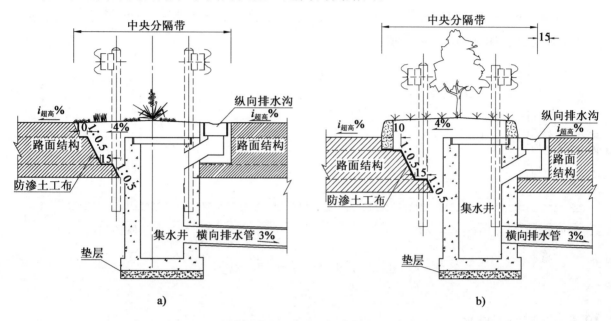

图10.4.4 超高路段中央分隔带排水设计(尺寸单位:cm)
a)齐平式;b)凸起式

10.5 桥面铺装排水

10.5.1 桥面应有足够的横坡和纵坡,使桥面降水迅速排向桥面两侧,通过表面及设置在桥面边缘的纵向碎石盲沟,经泄水口引出桥面,如图10.5.1所示。碎石盲沟材料采用20~25mm等粒径级配,含泥量小于0.2%。

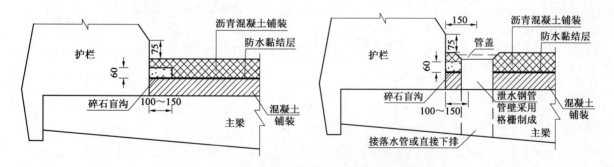

图10.5.1 桥面铺装内部排水设计(尺寸单位:mm)

10.5.2 跨越一般河流的桥梁,桥面水通过横坡和纵坡排入竖排式泄水管,直接向下排放;跨越水源保护区、公路、铁路的桥梁,沿桥梁纵向应设置截水沟槽(或管道),将水引入江河两岸的沉淀池或路侧排水沟渠内;截水沟槽(或管道)的断面尺寸应通过计算确定。

10.5.3 泄水孔应设置在桥面边缘处,内径为100~150mm,间距宜为5~10m,最长不得超过20m。孔口应低于水泥混凝土铺装层表面10～20mm,泄水孔在桥梁伸缩缝的上游方向应增设泄水口,在凹形竖曲线最低点及前后3～5m处各设置一个泄水口。

10.5.4 位于下坡向的伸缩缝迎水侧混凝土边缘必须设置伸出护栏外侧的横向泄水管或引入泄水孔,如图10.5.4所示。

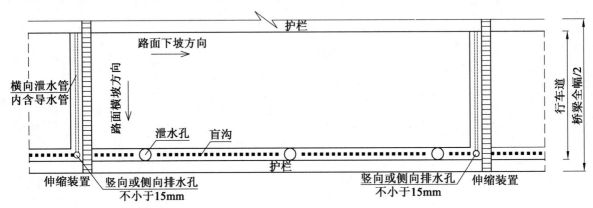

图10.5.4 桥面伸缩缝内部排水设计

10.6 隧道路面排水

10.6.1 隧道路面采用单向横坡,不设超高正常路拱坡度为2.0%;在隧道路面两侧设排水明沟或暗沟,引排隧道营运清洗水、消防水和其他废水,将水排出洞外与路基边沟相通。

10.6.2 隧道围岩渗水可通过路面中心水沟或两侧侧沟排除,如图10.6.2所示。

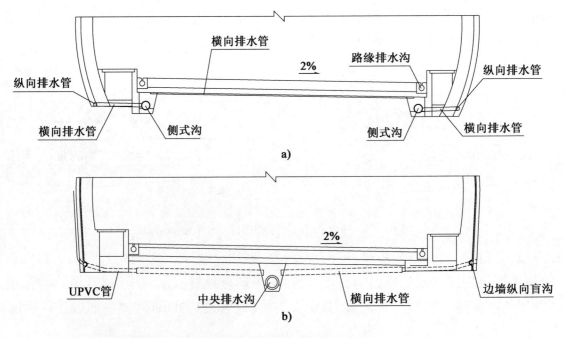

图10.6.2 隧道路面内部排水设计

附录 A 浙江省气候分区资料(资料性附录)

表 A-1 浙江省气候分区汇总

分 区	浙北平原	浙西丘陵	浙南山区	浙东丘陵	中部金衢盆地	东南沿海平原及岛屿
气候类型	北亚热带季风气候	亚热带北缘季风气候	中亚热带季风气候	中北亚热带湿润季风气候	亚热带湿润季风气候	亚热带南缘海洋性季风气候
最热月平均最高气温(℃)	39.4	40	41~42	39	40	38
极端最低气温(℃)	-8.5	-5.8	-10	-5	-9.5	-6.5
年平均降雨量(mm)	1 200~1 300	1 400~1 500	1 800~1 900	1 400~1 600	1 600~1 800	1 500~1 700
地质特点	平原为主、丘陵次之,软基较多	纵坡较大,路段较多	属山岭重丘区,长大纵坡、软基路段较多	深厚软基路段、长大纵坡路段较多	属丘陵地区,路段纵坡大	地质以软基为主
代表地区	湖州、嘉兴	杭州(建德、桐庐)	温州、丽水	台州、宁波、绍兴	金华、衢州	舟山

附录 B 沥青路面结构不同材料层厚度当量换算系数
（资料性附录）

表 B-1 厚度当量换算系数

结构层	材料名称	当量换算系数 a_i
沥青面层	热拌沥青混合料	1.00
基层	沥青稳定集料	0.80（热拌）；稳定度≥3.5kN 0.55（常温）；稳定度≥2.5kN
基层	石灰粉煤灰稳定集料	0.45；10d 无侧限抗压强度≥1MPa
基层	水泥稳定集料	0.55；7d 无侧限抗压强度≥3MPa
底基层	级配碎石	0.35；CBR≥80
底基层	水泥稳定集料	0.25；7d 无侧限抗压强度≥1MPa
底基层	石灰粉煤灰稳定集料	0.25；10d 无侧限抗压强度≥0.7MPa
底基层	未筛分碎石、砂等	0.20；CBR≥30

附录 C 常用钢桥面铺装技术(资料性附录)

C.1 树脂沥青组合体系

树脂沥青钢桥面铺装典型结构由 EBCL 层 + RA05 层 + SMA 层组成。

C.1.1 EBCL 层

EBCL 层由 EBCL 胶料和在其上撒布的碎石共同组成。EBCL 涂布量为 0.9~1.1kg/m^2。EBCL 涂布完毕后在胶料表面撒布一层 3~5mm 粒径的碎石,撒布量为 2.3~2.8kg/m^2,要求达到满布面积的 80%,干燥、清洁、均匀、无堆积,使之与 EBCL 胶料一起固化,形成黏结牢固的 EBCL 防水抗滑层。EBCL 胶料技术应满足表 C.1.1-1 的技术要求,碎石应满足表 C.1.1-2 的要求。

表 C.1.1-1 EBCL 胶料技术指标

试验项目		单位	允许值	试验方法
拉拔强度	(70℃)	MPa	≥3	ASTM D 638
	(25℃)	MPa	≥10	
拉剪强度	(70℃)	MPa	≥1	拉剪仪
	(25℃)	MPa	≥5	
指干时间(25℃)		h	24≥t≥1	指干法
固化时间(25℃)		h	≤72	拉拔试验
断裂强度		MPa	≥10	实测项目
断裂伸长率(25℃)		%	≥10	直接拉伸试验
胶料黏度		Pa·s	1~2	实测项目

表 C.1.1-2 3~5mm 碎石的技术指标

试验项目	单位	允许值	试验方法
表观相对密度	—	≥2.6	T 0328
坚固性(>0.3mm 部分)	%	≤12	T 0340
砂当量	%	≥60	T 0334
棱角性	s	≥30	T 0345
含泥量(小于 0.075mm 的含量)	%	≤1	T 0333
吸水率	%	≤2	T 0330

C.1.2 EBCL层与RA05层界面处理

为增强RA05层与EBCL层的结合性和防水性,在EBCL层界面上加涂一层RA树脂沥青,涂布量为0.2~0.4kg/m²。

C.1.3 RA05层

RA05树脂沥青混凝土宜采用洁净、干燥、无风化、无杂质的玄武岩石料,集料规格有0~3mm和3~5mm两种,集料规格及技术指标要求应符合表C.1.3-1、表C.1.3-2的要求。矿粉宜采用石灰岩或岩浆岩中的强基性岩石等憎水性石料磨制,矿粉要求干燥、洁净,不应含泥土等杂质和团粒,技术指标应符合表C.1.3-3的要求。聚酯纤维的掺加量为混合料总质量的0.1%~0.2%,聚酯纤维技术要求见表C.1.3-4。

表C.1.3-1 RA05用集料规格

规格名称	公称粒径(mm)	通过下列筛孔(mm)的质量百分率(%)							
		9.5	4.75	2.36	1.18	0.6	0.3	0.15	0.075
S14	3~5	100	90~100	0~15		0~3			
S16	0~3		100	80~100	50~80	25~60	8~45	0~25	0~15

表C.1.3-2 细集料技术指标

试验项目	单位	允许值	试验方法
表观相对密度	—	≥2.6	T 0328
坚固性(>0.3mm部分)	%	≤12	T 0340
砂当量	%	≥60	T 0334
棱角性	s	≥30	T 0345
含水率	%	≤0.5	T 0332
吸水率	%	≤2	T 0330
亚甲蓝值	g/kg	≤5	T 0349

表C.1.3-3 矿粉技术指标

试验项目		单位	技术要求	试验方法
表观密度		—	≥2.6	T 0352
含水率		%	≤1	T 0103烘干法
粒度范围	<0.6mm	%	100	T 0351
	<0.15mm		90~100	
	<0.075mm		75~100	
外观		—	无团粒结块	—
亲水系数			<1	T 0353
塑性指数		%	<4	T 0354
加热安定性		—	实测记录	T 0355

表 C.1.3-4 聚酯纤维技术指标

试 验 项 目	单 位	允 许 值	试 验 方 法
直径	mm	0.010~0.025	JT/T 534—2004
长度	mm	10±1.5	
抗拉强度	MPa	≥500	
断裂伸长率	%	≥15	
耐热性	—	210℃,2h,体积基本无变化	

RA05混合料采用胶轮碾压,为提高RA05表面的抗剪效果,可采用抛丸措施,或待初压结束后在RA表面均匀撒布一层10~13mm的碎石,碎石应部分嵌入RA05层或被扫除掉,撒布量为1.0~1.5kg/m^2,不小于满布面积的30%。

RA05拌和用胶结料、RA05混合料级配及油石比、RA05树脂沥青混凝土性能应分别满足表C.1.3-5~表C.1.3-7的要求。

表 C.1.3-5 RA05拌和用胶结料主要技术指标

试 验 项 目	单 位	允 许 值	试 验 方 法
指干时间(25℃)	h	≥5	指干法
固化时间(25℃)	h	≤72	
断裂伸长率(25℃)	%	≥30	直接拉伸试验

表 C.1.3-6 RA05混合料级配及油石比

RA05	通过下列筛孔(mm)的百分含量(%)								油石比(%)
	9.5	4.75	2.36	1.18	0.6	0.3	0.15	0.075	
上限	100	100	72	55	43	30	22	16	8~11
下限	100	90	55	35	25	16	12	8	

表 C.1.3-7 RA05树脂沥青混凝土技术指标

试 验 项 目	单 位	允 许 值	试 验 方 法
马歇尔稳定度(70℃)	kN	≥40	T 0709 50次击实
流值	0.1mm	20~50	T 0702
击实空隙率	%	0~2	T 0702
车辙动稳定度(70℃)	次/mm	≥8 000	T 0719
水稳定性:残留马歇尔稳定度	%	≥90	T 0709
冻融劈裂试验残留强度比	%	≥85	T 0729
-10℃低温弯曲极限应变(×10^{-6})	—	≥2 500	T 0715

C.1.4 改性沥青防水黏结层

为提高SMA与RA05层之间的黏结强度并减少水分的浸入,RA05层与SMA层间洒布改性沥青防水黏结层,洒布量为 1.0~1.2kg/m²,防水黏结层表面应撒布 5~10mm 粒径的防黏碎石,撒布量为 4~8kg/m²,由试验段确定,以不粘车轮为宜。改性沥青防水黏结层技术指标应满足表 C.1.4 的要求,洒布界面沥青后的 RA05 层表面应基本不渗水。

表 C.1.4 改性沥青防水黏结层技术指标

试验项目	单位	允许值	试验方法
针入度(25℃,100g,5s)	0.1mm	30~60	T 0604
延度(15℃,5cm/min)	cm	≥20	T 0605
软化点 $T_{R\&B}$	℃	≥85	T 0606
闪点	℃	≥260	T 0611

C.1.5 SMA 层

铺装表面功能层 SMA 要求高黏度改性沥青,沥青技术指标见表 C.1.5,相应混合料车辙试验动稳定度(60℃,0.7MPa)的性能要求≥5 000 次/mm。对于高温重载交通而言,单层 SMA13 抗车辙优于双层 SMA10。

表 C.1.5 SMA 层改性沥青技术指标

检验项目		允许值	试验方法
针入度(25℃,100g,5s)(0.1mm)		30~60	T 0604
延度(5cm/mim,5℃)(cm)		≥20	T 0605
软化点(环球法)(℃)		≥85	T 0606
动力黏度(60℃)(Pa·s)		≥20 000	T 0625
闪点(℃)		≥230	T 0611
弹性恢复(25℃)(%)		≥90	T 0662
RTFOT 试验后	质量变化(%)	≤1.0	T 0610
	针入度比(25℃)(%)	≥65	T 0604
	延度(5cm/mim,5℃)(cm)	≥10	T 0605
SHRP 性能等级		PG82-22	AASHTO-TP1/TP5

C.2 浇注式沥青混凝土结合 SMA 钢桥面铺装结构

C.2.1 防水黏结层

防水黏结层技术指标应满足表 C.2.1 的要求。

表 C.2.1 防水黏结层技术指标

试验项目	技术要求	试验方法
底涂层		
与钢板的黏结强度(25℃)(MPa)	≥5.0	《公路钢箱梁桥面铺装设计与施工技术指南》附录 E

续上表

试验项目	技术要求	试验方法
防水膜		
拉伸强度(25℃)(MPa)	≥11.8	GB/T 16777—2008
拉伸伸长率(25℃)(%)	≥130	GB/T 16777—2008
低温弯曲性能(−20℃,φ20mm,90°)	表面无裂纹	《公路钢箱梁桥面铺装设计与施工技术指南》附录D
抗氯离子腐蚀性,盐雾试验	试件表面无气泡、无脱层	《钢桥面铺装防水层及防水体系技术试验规范》
胶黏剂		
干固时间(25℃)(min)	≤90	GB/T 16777—2008

C.2.2 浇注式聚合物沥青混凝土 GA-10 铺装下层

用于浇注式沥青混凝土 GA-10 的聚合物改性沥青,其性能技术要求见表 C.2.2-1。

表 C.2.2-1 浇注式沥青混凝土 GA-10 的聚合物改性沥青技术指标

试验项目		允许值	试验方法
针入度(25℃)(0.1mm)		20~50	T 0604
延度(5℃)(cm)		≥30	T 0605
软化点(℃)		≥80	T 0606
弹性恢复率(25℃)(%)		≥90	T 0662
闪点(克利夫兰开口杯)(℃)		≥250	T 0611
TFOT (或 RTFOT)	质量变化(%)	≤±0.5	T 0610 或 T 0609
	延度(5℃)(cm)	≥20	
	针入度比(25℃)(%)	≥65	
	弹性恢复率(25℃)(%)	≥85	
SHRP 性能等级		PG82-22	AASHTO-TP1/TP5

粗集料采用耐磨的玄武岩破碎,细集料中根据需要添加一定含量的天然砂以提高混合料的流动性,且机制砂和天然砂的比例必须超过1:1。集料分级规格见表 C.2.2-2,集料及填料技术指标应符合 8.2.3 表面层用技术要求,混合料级配范围及性能应满足表 C.2.2-3、表 C.2.2-4 的要求。

表 C.2.2-2 集料规格技术指标

集料规格	通过率(%)				试验方法
	13.2mm	9.5mm	4.75mm	2.36mm	
10~15	≥90	≤15	≤5	—	T 0303
5~10		≥90	≤15	≤5	
3~5	—	—	≥90	≤15	
0~3	—	—	—	≥80	T 0327

表 C.2.2-3 混合料级配范围要求

混合料类型	通过率(筛孔:mm)(%)								
	13.2	9.5	4.75	2.36	1.18	0.6	0.3	0.15	0.075
GA-10	100	80~100	63~80	48~63	38~52	32~46	27~40	24~36	20~30

表 C.2.2-4 改性沥青 GA-10 混合料的技术指标

试验项目	允许值	试验方法
流动性(240℃)(s)	≤20	《公路钢箱梁桥面铺装设计与施工技术指南》附录F
贯入度(60℃)(mm)	≤4	《公路钢箱梁桥面铺装设计与施工技术指南》附录G
贯入度增量(60℃)(mm)	≤0.4	
低温弯曲极限应变(-10℃,50mm/min)	≥9×10⁻³	T 0715

注:低温弯曲试验试件尺寸,大梁,300mm×100mm×50mm。

C.2.3 改性 SMA-10 铺装面层

SMA-10 铺装面层所用改性沥青应满足表 C.2.3 的规定。

表 C.2.3 SMA 层改性沥青技术指标

试验项目		允许值	试验方法
针入度(25℃)(0.1mm)		60~100	T 0604
软化点(℃)		≥80	T 0606
延度(5℃)(cm)		≥70	T 0605
弹性恢复率(25℃)(%)		≥90	T 0662
黏度(135℃)(Pa·s)		≤3.0	T 0625
闪点(℃)		≥250	T 0611
旋转薄膜烘箱老化	质量变化(%)	≤0.5	T 0610
	针入度比(25℃)(%)	≥65	
	弹性恢复率(25℃)(%)	≥80	
	延度(5℃)(cm)	≥40	
SHRP 性能等级		PG76-28	AASHTO-TP1/TP5

C.3 双层环氧沥青混凝土钢桥面铺装结构

C.3.1 防锈层

采用环氧富锌漆涂装,干膜厚度为 60~80μm,性能应符合表 C.3.1 的技术要求。

表 C.3.1 环氧富锌漆的技术指标

技 术 指 标	技 术 要 求
漆膜颜色和外观	锌灰色,色泽均匀,漆膜平整
不挥发物(%)	≥80
黏度(ISO6号杯)(s)	≥6
干燥时间(h)	≤0.5(表干);≤2(实干)
完全固化(h)	≤168
硬度(H)	≥4
附着力(拉开法)(MPa)	≥7
耐盐水性(3%NaCl)(h)	≥240,无泡无锈
耐盐雾性(h)	经1 000h盐雾试验,涂层无泡无锈,划痕处120h无红锈
储存期(月)	≥6
施工性能	喷涂、刷涂无不良影响,每道干膜厚度不小于40μm
适用期(23℃)(h)	≥8

注:1.耐盐雾性与储存期为供应商保证项目,不作为用户必检项目。
2.涂装试验方法参见相关国家及行业标准。

C.3.2 环氧沥青黏结层

环氧沥青是在沥青中掺入一定比例的环氧树脂,经与固化剂发生固化反应而得到,通常由 A、B 两组分组成,A 组分为环氧树脂,B 组分为沥青、添加剂与固化剂的混合物。根据其性能和用途分为两类:一类是用于生产环氧沥青混合料的结合料,另一类是钢桥面铺装黏结层和防水黏结层所用的黏结料,两者的 A 组分相同,B 组分不同。

掺配好并经充分反应固化的环氧沥青黏结层性能应符合表 C.3.2 的规定。

表 C.3.2 环氧沥青黏结层技术指标

技 术 指 标	技 术 要 求	试 验 方 法
抗拉强度(23℃)(MPa)	≥6.0	ASTM D 638
断裂延伸率(23℃)(%)	≥190	ASTM D 638
热固性(300℃)	不熔化	小试件置300℃热板上
吸水率(7d,23℃)(%)	≤0.3	ASTM D570
在荷载作用下的热挠曲温度(℃)	−18~−15	ASTM D 648
黏度增至1Pa·s(121℃)耗时(min)	≥20	T 0625

C.3.3 环氧沥青混凝土层

(1)粗集料、细集料、矿粉。

粗集料、细集料宜采用玄武岩集料,矿粉宜采用石灰岩或岩浆岩中的强基性岩石等憎水性石料磨制的矿粉,质量应分别符合表 C.3.3-1～表 C.3.3-3 的技术要求,拌和机的回收矿粉不能用于拌制沥青混合料。

表 C.3.3-1 粗集料技术指标

技 术 指 标	允 许 值	试 验 方 法
抗压强度(MPa)	≥120	T 0221
洛杉矶磨耗率(%)	≤18	T 0317
磨光值(PSV)	≥48	T 0321
针片状含量(%)	≤5	T 0312
压碎值(%)	≤12	T 0316
与沥青的黏附性	≥5 级	T 0616
吸水率(%)	≤1.5	T 0308
表观密度(g/cm^3)	≥2.8	T 0308
坚固性(%)	≤5	T 0314
软石含量(%)	≤1	T 0320
水洗法<0.075mm 颗粒含量(%)	≤0.8	T 0303

表 C.3.3-2 细集料技术指标

技 术 指 标	允 许 值	试 验 方 法
吸水率(%)	≤1.5	T 0330
表观密度(g/cm^3)	≥2.8	T 0328
坚固性(%)	≤5	T 0340
砂当量(%)	≥65	T 0334

表 C.3.3-3 矿粉技术指标

技 术 指 标	技 术 要 求	试 验 方 法
视密度(g/cm^3)	≥2.50	T 0352
粒度范围(%)	0.6mm:100 0.3mm:≥90 0.075mm:≥80	T 0351
亲水系数	≤1	T 0353
含水率(%)	≤1	T 0332
加热安定性	不变质	T 0355

(2)环氧沥青结合料。

环氧沥青应根据供货商所提供的配方及工艺掺配。掺配好并经过充分反应固化的环氧沥青结合料应符合表 C.3.3-4 中的规定。

表 C.3.3-4 环氧沥青结合料技术指标

技 术 指 标	允 许 值	试 验 方 法
抗拉强度(23℃)(MPa)	≥2.0	GB/T 528—2009
断裂时的延伸率(23℃)(%)	≥220	GB/T 528—2009
黏度增加至1Pa·s(121℃)耗时(min)	≥50	T 0625

(3)环氧沥青混合料。

环氧沥青混合料的矿料级配应符合表 C.3.3-5 的技术要求,并尽可能接近中值。环氧沥青混合料试件成型后,未固化试件的马歇尔稳定度应大于 5kN,完全固化后应满足表 C.3.3-6 的技术要求。试件完全固化的条件为 121℃,4h。

表 C.3.3-5 环氧沥青混合料推荐级配

筛孔尺寸	通过下列筛孔(方孔筛,mm)的质量百分率(%)						
	13.2	9.5	4.75	2.36	0.6	0.3	0.075
级配范围	100	95~100	65~85	50~70	28~40	—	7~14

表 C.3.3-6 环氧沥青混合料的技术指标

技术指标	允许值	试验方法
空隙率(%)	≤3.0	T 0705
马歇尔稳定度(kN)	≥45	T 0709
流值(0.1mm)	20~50	T 0709
残留稳定度(%)	≥85	T 0709
弯曲应变(-10℃,50mm/min)($\mu\varepsilon$)	≥3 000	T 0715

附录 D 橡胶沥青混合料（规范性附录）

D.1 橡胶沥青可用于沥青混凝土、应力吸收层、防水黏结层等。

D.2 橡胶沥青混合料施工工艺分为湿拌法和干拌法两大类，可根据混合料的性能特点和使用要求合理选择。

D.3 橡胶沥青混合料主要结构类型：橡胶沥青断级配混合料（ARAC）、橡胶沥青开级配混合料（AROGFC）、橡胶沥青玛蹄脂碎石混合料（ARSMA）、橡胶沥青应力吸收层（AR-SAMI）等。

D.4 橡胶粉颗粒大小一般采用 20 目 ~ 40 目，橡胶粉掺量一般为沥青质量的 18% ~ 22%，橡胶粉技术要求见表 D.4；维他干拌法橡胶粉沥青混合料需要加入剂量为橡胶粉质量的 4.5% 的维他连接剂，维他连接剂技术要求：外观为白色颗粒，黏度为 110 ~ 130mL/g，密度为 0.91g/cm^3，软化点为 50 ~ 58℃，自燃点 >400℃，挥发性 ≤0.50。

表 D.4 橡胶粉技术指标

试验项目	单 位	允 许 值
相对密度	—	1.05 ~ 1.25
含水率	%	<1
金属含量	%	<0.1
纤维含量	%	<1
灰分含量	%	≤8

D.5 橡胶沥青的技术指标应符合表 D.5 的要求。

表 D.5 橡胶沥青技术指标

试验项目	允许值	试验方法
旋转黏度（180℃）（Pa·s）	1.5 ~ 4.0	T 0625—2011
针入度（25℃，100g，5s）（0.1mm）	≥30	T 0604—2011
软化点（℃）	≥54	T 0606—2011
弹性恢复（25℃）（%）	≥60	T 0662—2000

D.6 橡胶沥青混合料宜采用马歇尔击实试验方法，有条件时也可使用 Superpave 旋转压实试验方法。

D.7 橡胶沥青常用的级配范围见表 D.7-1 和表 D.7-2。

表 D.7-1　ARAC 湿拌法橡胶沥青混合料矿料级配参考表

方筛孔尺寸（mm）	26.5	19	16	13.2	9.5	4.75	2.36	0.6	0.075
ARAC-13	—	—	100	90~100	68~82	22~37	13~23	5~15	0~6
ARAC-20	100	90~100	75~90	65~80	47~63	25~40	15~25	5~15	2~7

表 D.7-2　ARAC 维他干拌法橡胶沥青混合料矿料级配参考表

方筛孔尺寸（mm）	26.5	19	16	13.2	9.5	4.75	2.36	0.6	0.075
ARAC-13	—	—	100	90~100	60~80	30~53	20~40	10~23	4~8
ARAC-20	100	90~100	78~92	62~80	50~72	26~56	16~44	8~24	3~7

D.8 橡胶沥青混合料马歇尔试验标准和性能指标应满足表 D.8 的要求。

表 D.8　橡胶沥青混合料技术指标

试验项目		技术要求	
		ARAC-13	ARAC-20
马歇尔试验指标	击实次数（次）	两面各 75 次	
	稳定度（kN）	≥8.0	
	流值（0.1mm）	20~50	
	空隙率（%）	4.5±1.0	5.5±1.0
	沥青饱和度（%）	70~85	
	矿料间隙率 VMA（%）	≥19.0	≥18.0
性能要求	浸水残留稳定度（%）	≥85	
	冻融残留强度比（%）	≥80	
	车辙试验动稳定度（次/mm）	≥3 000	
	弯曲破坏应变（με）	≥2 000	
	渗水系数（mL/min）	表面层≤60mL/min，中面层≤90mL/min	
	构造深度（mm）	≥0.6	

附录 E　温拌沥青混合料（规范性附录）

E.1　温拌沥青混合料与热拌沥青混合料适用场合相同，可用于各等级公路的沥青路面结构层，因其低烟气排放和低温施工的技术特点，常用于长、特长隧道和低温条件施工的沥青路面。

E.2　温拌添加剂应满足以下技术要求：

E.2.1　与热拌沥青混合料相比，加入温拌添加剂后应使沥青混合料的拌和温度及碾压温度降低30℃以上。

E.2.2　加入温拌添加剂的沥青混合料，其技术性能应达到热拌沥青混合料的指标要求。

E.2.3　加入温拌添加剂时，不得在施工过程中产生额外的有毒有害气体。

E.2.4　有机固体温拌剂掺量宜为沥青用量的3%（质量比），技术指标见表E.2.4。

表 E.2.4　有机固体温拌剂技术指标

试验项目	允许值	试验项目	允许值
熔点（℃）	95~110	热失重（%）	≤0.3
灰分（%）	≤0.5	机械杂质（%）	≤0.05

E.2.5　表面活性型添加剂的pH值、胺值和固含量技术指标应符合表E.2.5的要求，溶液直投型（H型）添加剂的掺量一般为沥青用量的5%。

表 E.2.5　表面活性型添加剂技术指标

类　型	pH值	胺值（mg/g）	固含量（%）
溶液直投型（H型）	9.5±1	400~560	≥10 或设计值

E.3　温拌沥青混合料路面技术指标和使用性能指标应符合表5.6的要求。

E.4　温拌沥青混合料路面材料、沥青混合料级配和配合比设计等与热沥青混合料一样，应符合设计的要求。

附录 F 玄武岩纤维(资料性附录)

F.1 玄武岩纤维是以玄武岩为原料,经特定的预处理,经过 1 450~1 500℃的高温熔融后,提炼抽丝,并经特殊的表面处理而成的无机非金属的新型纤维。

玄武岩矿物纤维与其他纤维相比,其材料性能优势有:力学性能优异,纤维分散性好,比表面积大,表面浸润性好,工作温度范围大,化学稳定性好,水稳定性好,绝热性能及电绝缘性能好,有利于沥青混合料的再生利用及环境保护等。

F.2 玄武岩纤维适用于重交通、特重交通公路的长上坡、大桥和特大桥等路段沥青混凝土表面层,或用于 SMA 沥青路面的纤维稳定剂。

F.3 玄武岩纤维可分为絮状和丝状两种,絮状可用于 SMA 的纤维稳定剂,丝状的用途与聚酯纤维相类似。玄武岩纤维在 AC 型混合料中的掺量:普通沥青为 0.30%~0.40%,改性沥青为 0.25%~0.35%。在 SMA 型混合料中,玄武岩纤维掺量宜为 0.35%~0.45%。

F.4 玄武岩纤维技术标准。

F.4.1 美国国家沥青技术中心(NCAT)及美国国家公路与运输协会标准(AASHTO)对玄武岩纤维的质量要求规定见表 F.4.1。

表 F.4.1 玄武岩纤维技术指标

试 验 项 目		允 许 值
纤维长度(mm)		≤6
纤维厚度(mm)		<0.005
球状颗粒含量(%)	通过 0.25mm 筛	90±5
	通过 0.063mm 筛	70±10

F.4.2 中华人民共和国交通运输行业标准《公路工程 玄武岩纤维及其制品 第 1 部分:玄武岩短切纤维》(JT/T 776.1—2010)对沥青混凝土用玄武岩短切纤维的质量要求规定见表 F.4.2。

表 F.4.2　玄武岩短切纤维技术指标

试验项目	防裂抗裂纤维	增韧增强纤维
纤维长度(mm)	5~15	
密度(g/cm³)	2.6~2.8	
断裂强度(MPa)	≥1 200	≥1 500
弹性模量(MPa)	≥7.5×10³	≥8.0×10³
断裂伸长率(%)	≤3.1	
吸油率(%)	≥50	
耐热性,断裂强度保留率(%)	≥85	
可燃性	明火点不燃	

F.4.3 絮状北美孚玄武岩纤维(BMF®)产品质量标准见表 F.4.3。

表 F.4.3　北美孚玄武岩纤维(BMF®)技术指标

试验项目	允许值
纤维直径(μm)	平均5μm
纤维长度(mm)	平均≤6mm
筛分	通过250μm筛为≥95%;通过63μm筛为≥75%
纤维分布形态	三维向随机交叉分布,呈不规则粒状
纤维分散性(纤维粒度分布)	1~4mm,35%;4~12mm,60%;其余5%
纤维含水率(%)	≤0.1
密度(g/cm³)	2.6~2.7
熔点(℃)	>1 450
延伸率(%)	3.2
抗拉强度(MPa)	2 500~3 500
弹性模量(GPa)	90~110

F.4.4 絮状福倍安玄武岩道路专用矿物纤维产品质量标准见表 F.4.4。

表 F.4.4　福倍安玄武岩纤维技术指标

试验项目	允许值
纤维长度(mm)	典型最大纤维长度6mm
纤维直径(μm)	平均直径5μm
筛分	通过250μm筛为95%;通过63μm筛为65%
熔点(℃)	1 500
抗拉强度(MPa)	≥2 500
弹性模量(GPa)	≥90

F.4.5 丝状石金玄武岩纤维(GBF®)产品质量标准见表 F.4.5。

表 F.4.5　石金玄武岩纤维(GBF®)技术指标

试 验 项 目		允 许 值
密度(g/cm³)		2.6~2.8
纤维长度(mm)		5~20
单丝直径(μm)		7~15
弹性模量(GPa)		≥90
酸性系数(%)		≥7
抗拉强度(MPa)		≥2 000
断裂伸长率(%)		≤3.1
热处理下的拉伸强度保留率(%)	20℃	100
	200℃	95
	400℃	82

附件

《高等级公路沥青路面设计规范》

Specifications for Design of High-Grade Highway Asphalt Pavement

(DB 33/T 896—2013)

条 文 说 明

3 术语和定义

3.2 长上坡路面

根据浙江省高速公路长大纵坡的部分统计资料,长上坡的最大坡度一般在3.5%~5.0%之间,平均坡度在2.0%~4.0%之间,坡长在400~7 500m,甚至更长。由于高速公路长上坡中坡度大于3%且坡长超过1 000m 的路段很少,而在实际使用中当坡度大于2.5%时,重载汽车爬坡速度明显下降,行车道车辙破坏明显增加;同时,考虑连续施工的需要,采用不同结构及材料层的路段不宜划分过细、过短,因此对长上坡路段作此定义。表3-1所列为浙江省部分高速公路长上坡典型路段示例。

表3-1 浙江省部分高速公路长上坡典型路段示例

高速公路	桩号或位置	平均纵坡(%)	坡长(m)
上三高速公路新昌段	K70+750~K71+740	3~4	900
杭金衢高速公路	新岭隧道 杭州往衢州方向进口	3.2	400
	K104~K106,K253	3.05	2 000
甬台温高速公路	K355前后	3.8	7 500
诸永高速公路	K47+200~K53+700	2.81	6 500
	K55+900~K63+500	2.68	6 600
	K116+000~K129+800	2.34	13 800

3.6 组合式沥青路面

在浙江省已建成的高速公路中,大部分沥青路面采用半刚性基层,半刚性基层具有较高的强度和承载力,但也容易产生反射裂缝等早期破坏,养护维修成本较高。近些年来常用的组合式基层沥青路面,采用沥青稳定碎石为基层,无机结合料稳定集料为底基层的结构形式,在满足承载力的同时,其路面结构的应力分布、受力状态明显改善,收缩裂缝明显减少,同时也便于维修养护。

3.7 橡胶沥青路面

干拌法橡胶沥青混合料:指将橡胶粉作为一部分细集料先与石料干拌,然后喷入沥青拌制而成的废橡胶粉(或颗粒)改性沥青混合料(Rubber Modified Hot Mix Asphalt Concrete,简称 RUMAC)。

湿拌法橡胶沥青混合料:指废橡胶粉(Crumb Rubber Modifier,简称 CRM)先行与沥青拌和,制成一种称为橡胶沥青(Asphalt Rubber)的改性沥青胶结料,然后再与石料拌和而成的沥青混合料。

5 基本规定

5.1.2 对于软土(海涂)或高填方等可能产生较大沉降的路段,若路面一次性实施,易产生由过大路基沉降或不均匀沉降引起的路面结构破坏,以及由于沉降导致控制高程不足而增加的路面加铺;从节约资源和成本的角度,这些路段宜"分期设计、分期修建";当公路初期交通量较小时,由于路面结构更多的是在自然环境条件下的寿命折减,结构寿命由车辆轴载消耗的比重偏小,也适合分期修建。

5.1.3 高等级公路沥青路面特殊设计主要针对软土路段、长上坡路段、桥面、隧道路面等进行。对于软土路段,由于路基沉降往往较大,使路面自身产生拉应力,易产生开裂,在功能设计上就要求突出抗裂性能;对于长上坡路段,由于重载汽车爬坡速度较慢,轮胎对路面作用力大,不仅有轮胎的压力,还有因爬坡力作用于路表而使得路面内部产生较大拉应力,易产生车辙、开裂,因此在功能设计上,其抗滑、抗车辙、抗剪等性能要高于一般路段;桥面由于结构层较薄,桥面板与沥青铺装层相对刚度比大,其受力情况不同于一般路段,沥青层剪应力大,易产生车辙,桥面铺装维修养护时封闭交通困难,一般应设计成永久性路面,功能上要求抗车辙、抗剪、高强、耐久;隧道内温度变化小、施工散热通风等施工条件差,尤其是长隧道与特长隧道的沥青面层摊铺施工,其环境难度相比洞外要大,设计中可考虑温拌技术。

5.2 标准轴载及设计交通量

5.2.2 标准轴载及设计交通量参照《公路沥青路面设计规范》(JTG D50—2006)执行。

5.2.3 表5.2.3 交通等级划分,在部颁标准的基础上,根据浙江省道路沥青路面车流量"交通量较大、重载车辆较多"的特点,按大客车和中型以上各种货车的交通量,将特重交通类别细分为 D1、D2、D3 三档,以对应不同的典型结构。
  车辆荷载的特性:采用文献调查法或现场调查法调查拟建道路通过的车辆特性,包括车型、轴型;采用轴载称重设备测定轴载,计算轴载谱。
  交通分析:沥青路面的设计交通组合分析,应在上述实测各类车型轴载谱的基础上,参照项目可行性研究报告等有关交通量预测资料,考虑未来各种车型的组成,论证确定各种车型的代表轴载进行轴载换算,计算交工后第一年双向日平均当量轴次,然后根据交通量的增长率、车道系数等计算一条车道上的累计当量轴次。

当道路重车较多或超载严重时,车道系数 η 建议按表 5-1 取值。其中双向四车道、双向六车道和双向八车道的车道系数比现行规范《公路沥青路面设计规范》(JTG D50—2006)表 3.1.6 取值稍有提高,是基于课题"实测轴载谱在高等级公路沥青路面结构设计与养护维修中的应用研究"对浙江省若干典型高速公路轴载谱调查分析的结论。

表 5-1 车 道 系 数

车 道 特 征	η	车 道 特 征	η
双向单车道	1.0	双向六车道	0.4~0.5
双向两车道	0.6~0.7	双向八车道	0.4~0.5
双向四车道	0.5~0.6		

(1)考虑重载交通时,基于弯沉等效的轴载换算可参考公式(5-1)计算。

$$N = A \cdot N_i \cdot \left(\frac{P_i}{P}\right)^{5.06/A_c} \tag{5-1}$$

式中:N——基于弯沉等效时的换算标准轴载当量轴次(次/d);
  A——车型系数;
  N_i——被换算车型的轴载作用次数(次/d);
  P_i——被换算车型的轴载(kN);
  P——标准轴载(kN);
  A_c——公路等级系数,高速公路、一级公路为1.0,二级公路为1.1。

(2)考虑重载交通时,基于弯拉应力等效的轴载换算可参考公式(5-2)计算。

$$N = A \cdot N_i \cdot \left(\frac{P_i}{P}\right)^{8.95/A_c} \tag{5-2}$$

式中符号意义同式(5-1)。

(3)考虑重载交通时,基于路基顶面压应变等效的轴载换算可参考公式(5-3)计算。

$$N = A \cdot N_i \cdot \left(\frac{P_i}{P}\right)^{4.94/A_c} \tag{5-3}$$

式中符号意义同式(5-1)。

5.3 设计年限

设计年限与使用年限(路面使用寿命)是两个不同的概念。设计年限是指路面在计算设计厚度时预测交通量的年限,它是在正常使用情况下满足预测累计标准轴次所需服务性能的期限,它只与轴载和由轴载引起的疲劳裂缝有关,与沥青路面温缩裂缝、材料变异裂缝以及施工产生的裂缝无关,因此在实际使用过程中,沥青路面往往未到设计年限就需维修改建。沥青路面允许在营运过程中(高速公路沥青路面做到确保5年、力争8年不大修)对沥青面层进行恢复表面功能的养护维修或罩面工程。如日本对沥青路面面层的分析年限为10年,而对整体结构的分析年限为20年。因此,由于面层沥青材料本身的自然老化以及疲劳开裂,设计年限宜取5~10年(即沥青的疲劳寿命按5~10年考虑),而此时路面整体结构往往远未破坏,正常使用情况下,整体结构比面层有更长的寿命,设计年限宜为15~20年(即按15~20年计算累计当量轴次)。

该指标具有一定的使用前提和适用条件,能否达到预期的设计年限,关键在于:①工可预测交通量与实际交通量的偏差;②道路使用环境的变化(超常的自然地质灾害和恶劣气象条件等);③是否正常使用(超载等破坏性荷载的影响);④合理的维修养护。

各级公路路面使用年限的具体取值由管理者根据交通情况、环境、路面寿命成本效益等确定。

5.4 沥青路面气候分区

5.4.1 根据《公路沥青路面施工技术规范》(JTG F40—2004),浙江省按设计高温分区指标,一级区划为1;按设计低温分区指标,二级区划为3或4;按照设计雨量分区指标,三级区划为1。由温度和雨量组成的气候区名分别为1-3-1(夏炎热冬冷潮湿)和1-4-1(夏炎热冬温潮湿)。

5.4.2 浙江省各地区气候状况:设计前须收集线路所经地区的气候状况,包括降水、年最低气温及天数、年最高气温及天数、年平均气温、最热月月平均气温等。

路面温湿状况:路面设计时应根据路基土的分界稠度确定路基干湿类型;根据收集的气候资料,选择合理模型预估路面温度。高温指标作为气候区划的一级指标对沥青路面的疲劳寿命影响较大,主要体现在:

(1)同一种材料层在不同温度下的强度及性能是不同的,具体涉及材料层的模量取值,高温时模量值较低。

(2)同一种结构在不同温度条件下的允许疲劳轴次也是不同的,温度高时相应的允许疲劳轴次就低。

(3)同一种结构,即使年平均气温相同,但由于温度的月度分布不均匀,夏季高温占比较大的允许疲劳轴次就低。

5.5 结构设计一般要求

5.5.2 沥青路面各结构层模量比按各结构层间模量逐渐递减的材料组合,可使结构层受力更合理。部颁规范对路床与路堤之间的强度比没有规定,对于低路堤、挖方和零填路段路堤只有压实度的要求,缺乏强度控制指标,对路面结构整体受力是不利的。路床与路堤的模量比系参考日本做法,不宜大于2。

5.6 沥青路面技术指标

指标的具体取值结合部颁标准和浙江省交通运输厅的相关技术要求,选用要求较高的取值。渗水系数指标仅针对沥青路面表面层采用密级配的路面结构。

5.7 设计可靠度

沥青路面结构可靠度可定义如下:沥青路面结构在实际可能遇到的荷载以及气候环境等条件下,在道路设计年限内,满足行车要求所必须具备的强度、刚度和稳定性等的概率。

与定值型设计方法不同,可靠性设计方法定量地考虑了路面结构中固有的不确定性(路面设计中所包含的众多参数,如材料参数、交通量、荷载、设计指标和施工因素等,均具有一定的随机性或不确定性),在路面结构设计中引入可靠度概念可以充分考虑设计参数的变异性,因此,路面结构可靠度设计比传统的定值设计法更为科学合理。

结构可靠度分析中结构可靠与不可靠的界限为极限状态,可用极限状态方程表示:

$$Z = g(x_1, x_2, \cdots, x_n) = 0 \tag{5-4}$$

式中:x_i——基本变量,指结构上各种作用或作用效应、材料性能、几何参数等($i = 1, 2, \cdots, n$);

Z——结构的功能函数或功效函数。

对于承载力极限状态,若令 R 为结构抗力,S 为作用综合效应,则式(5-4)可变为:

$$Z = g(R, S) = R - S \tag{5-5}$$

式(5-5)中,若 $Z = R - S > 0$,结构处于可靠状态;若 $Z = R - S < 0$,结构处于失效状态;若 $Z = R - S = 0$,结构处于极限状态。

根据结构的极限状态和功能函数可得结构的可靠度(即可靠概率)P_r 和失效概率 P_f:

$$P_r = P\{Z > 0\} = P\{R > S\} \tag{5-6}$$

$$P_f = P\{Z \leq 0\} = P\{R \leq S\} \tag{5-7}$$

若随机变量 R 和 S 服从正态分布,则功能函数 Z 也服从正态分布,其概率密度函数为:

$$f_z(z) = \frac{1}{\sqrt{2\pi}\sigma_z} e^{-(\frac{z-\mu_z}{\sigma_z})^2/2} \tag{5-8}$$

则结构可靠度为:

$$P_r = P\{Z > 0\} = \int_0^{+\infty} f_z(z) \mathrm{d}z = \int_0^{+\infty} \frac{1}{\sqrt{2\pi}\sigma_z} e^{-(\frac{z-\mu_z}{\sigma_z})^2/2} \tag{5-9}$$

结构失效概率为:

$$P_f = 1 - P_r \tag{5-10}$$

5.8 全寿命周期成本分析

全寿命周期成本的要素有：公路部门费用和用户费用。其中，公路部门费用含建设费、养护费、管理费、路面残值和改建费；用户费用含燃油消耗费、轮胎消耗费和保修材料消耗费。

降低建设成本不能以增加后期投资为代价，应把全寿命周期内所有的主要费用考虑在内，并把不同时间发生的费用以现值表示，以此对方案作出合理的经济比较。可操作性较强的是对全寿命周期内项目的建设费、养护费、管理费和改建费进行综合分析。

设计方案在分析期 n 年内折现率为 i 的现值按式(5-11)计算：

$$PW_n = IC + \sum_{t=0}^{n} RC_t \cdot pwf_{i,t} + (MC + UC) \cdot upwf_{i,n} - SV_n \cdot pwf_{i,n} \quad (5-11)$$

式中： PW_n——在分析期 n 年内的总费用现值；

　　　　IC——初期建设费；

　　　　RC_t——在 t 年的改建费；

　　　MC, UC——年养护费和使用者费用；

　　　　SV_n——在分析期末的残值；

$pwf_{i,t}, pwf_{i,n}$——折现率 i 在 t 年和 n 年的现值系数；

$$pwf_{i,t} = \frac{1}{(1+i)^t} \quad (5-12)$$

$upwf_{i,n}$——期限为 n 年的等额现值系数。

$$upwf_{i,n} = \frac{(1+i)^n - 1}{i(1+i)^n} \quad (5-13)$$

用一个例子说明：沥青路面项目分别按 10 年和 20 年进行设计，比较两者初期建设费用和考虑初期建设费、改建费、养护管理费的全寿命(40 年)周期成本。从表 5-2、表 5-3 和图 5-1、图 5-2 比较结果看，若仅按初期建设费用，按 10 年设计时节省 50 000 万元，但若按全寿命(40 年)周期成本分析，按 10 年设计时要多花 596 635 万元。

表 5-2　40 年间发生的各项费用

试算结果(折算成现值前)　　　　　　　　　　　　　　　　　　　　　　　　　　单位：万元

年数(年)	按 10 年设计		按 20 年设计	
	建设、改建费	养护管理费	建设、改建费	养护管理费
0	300 000	5 000	350 000	5 000
1		5 000		5 000
2		5 000		5 000
3		5 000		5 000
4		5 000		5 000
5		5 000		5 000

续上表

年数(年)	按10年设计		按20年设计	
	建设、改建费	养护管理费	建设、改建费	养护管理费
6		5 000		5 000
7		5 000		5 000
8		5 000		5 000
9		5 000		5 000
10	750 000	5 000		5 000
11		5 000		5 000
12		5 000		5 000
13		5 000		5 000
14		5 000		5 000
15		5 000		5 000
16		5 000		5 000
17		5 000		5 000
18		5 000		5 000
19		5 000		5 000
20	750 000	5 000	950 000	5 000
21		5 000		5 000
22		5 000		5 000
23		5 000		5 000
24		5 000		5 000
25		5 000		5 000
26		5 000		5 000
27		5 000		5 000
28		5 000		5 000
29		5 000		5 000
30	750 000	5 000		5 000
31		5 000		5 000
32		5 000		5 000
33		5 000		5 000
34		5 000		5 000
35		5 000		5 000
36		5 000		5 000
37		5 000		5 000
38		5 000		5 000
39		5 000		5 000
合计	2 550 000	200 000	1 300 000	200 000

表5-3 40年间发生的各项费用折成现值

试算结果（按4%折算成现值） 单位：万元

年数(年)	按10年设计			按20年设计		
	建设、改建费	养护管理费	小计	建设、改建费	养护管理费	小计
0	300 000	5 000	305 000	350 000	5 000	355 000
1		4 808	4 808		4 808	4 808
2		4 623	4 623		4 623	4 623
3		4 445	4 445		4 445	4 445
4		4 274	4 274		4 274	4 274
5		4 110	4 110		4 110	4 110
6		3 952	3 952		3 952	3 952
7		3 800	3 800		3 800	3 800
8		3 653	3 653		3 653	3 653
9		3 513	3 513		3 513	3 513
10	506 673	3 378	510 051		3 378	3 378
11		3 248	3 248		3 248	3 248
12		3 123	3 123		3 123	3 123
13		3 003	3 003		3 003	3 003
14		2 887	2 887		2 887	2 887
15		2 776	2 776		2 776	2 776
16		2 670	2 670		2 670	2 670
17		2 567	2 567		2 567	2 567
18		2 468	2 468		2 468	2 468
19		2 373	2 373		2 373	2 373
20	342 290	2 282	344 572	433 568	2 282	435 850
21		2 194	2 194		2 194	2 194
22		2 110	2 110		2 110	2 110
23		2 029	2 029		2 029	2 029
24		1 951	1 951		1 951	1 951
25		1 876	1 876		1 876	1 876
26		1 803	1 803		1 803	1 803
27		1 734	1 734		1 734	1 734
28		1 667	1 667		1 667	1 667
29		1 603	1 603		1 603	1 603
30	231 239	1 542	232 781		1 542	1 542

续上表

年数(年)	按10年设计			按20年设计		
	建设、改建费	养护管理费	小计	建设、改建费	养护管理费	小计
31		1 482	1 482		1 482	1 482
32		1 425	1 425		1 425	1 425
33		1 370	1 370		1 370	1 370
34		1 318	1 318		1 318	1 318
35		1 267	1 267		1 267	1 267
36		1 218	1 218		1 218	1 218
37		1 171	1 171		1 171	1 171
38		1 126	1 126		1 126	1 126
39		1 083	1 083		1 083	1 083
合计	1 380 202	102 922	1 483 125	783 568	102 922	886 490

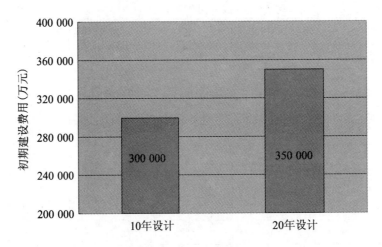

图 5-1　初期建设费用比较

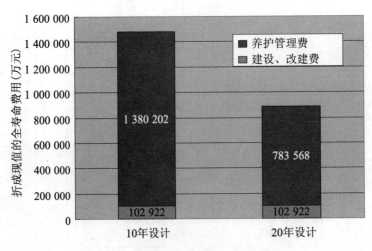

图 5-2　按现值法折算的40年总费用

5.9 环境保护与改善

5.9.2 普通路面采用密级配沥青混凝土面层,路表水直接从路面表面排出;排水性铺装路面表层为透水层,透水层下设不透水层,路表水经透水层下渗至不透水层表面再横向排出;透水性铺装路面即路面各层均为透水性结构。

保水性铺装路面,是在基层中掺加保水性材料形成保水层,雨天降水时通过下渗水浸润保水层从而保持水分,晴天时再通过高温蒸发将保水层的水逐渐释放。在夏季高温时,保水性铺装路面路表最高温度较普通路面低 10~15℃,能有效改善沥青路面高温条件。

6 路面厚度及典型结构

6.2 路面结构设计方法

6.2.1 力学—经验法

(2)虽然路表面回弹弯沉值便于量测,但其作为设计指标之一在实际使用过程中不尽合理。其局限性体现在:假如设计弯沉值为22(0.01mm),当实测弯沉值大于22(比如23、24)时即为不合格,但这并不影响路面的正常使用,因此在路面设计中,路表面回弹弯沉值更适合用作验算指标。

对于面层的验算,为便于对部颁标准路面结构计算的结果进行验证,参考日本铺装设计便览,沥青路面结构破坏按面层疲劳裂缝率和路面结构层压缩变形控制。破坏准则规定为:沥青面层疲劳裂缝率≤20%,路床上各铺装层压缩永久变形之和≤15mm。

6.2.2 当量厚度法

①路面结构层强度与温度相关,设计中对结构层强度取值时,需考虑温度的影响,不同温度条件(按月平均气温取12个气温条件)下路面结构层的弹性模量按试验或经验取值。结构层月平均路面温度与月平均气温之间关系暂按下式估算:

$$M_p = M_a\left(1 + \frac{2.54}{z + 10.16}\right) - \frac{25.4}{9(z + 10.16)} + \frac{10}{3} \tag{6-1}$$

式中:M_p——月平均铺装温度(℃);

M_a——月平均气温(℃);

z——温度计算所处结构层距路表面距离(cm)。

②设计时,根据路面使用功能和要求需事先设定设计可靠度,不同可靠度相对应的可靠度系数见表6-1。

表6-1 可靠度系数

可靠度(%)	可靠度系数 γ_R	可靠度(%)	可靠度系数 γ_R
50	1.0	80	2.6
60	1.3	85	3.2
70	1.8	90	4.0
75	2.0		

③沥青面层暂定疲劳破坏准则,当沥青面层疲劳裂缝率达20%时,所对应的容许标准轴载作用次数按式(6-2)计算:

$$N_{fa} = \beta_{a1} \cdot C \cdot (6.167 \times 10^{-5} \cdot \varepsilon_t^{-3.291\beta_{a2}} \cdot E^{-0.854\beta_{a3}}) \quad (6-2)$$

式中: N_{fa}——容许100kN轴荷作用次数;

C——沥青面层下面层混合料容积特性,

$$C = 10^M$$

$$M = 4.84 \cdot \left(\frac{VFA}{100}\right) - 0.69$$

VFA——饱和度(%);

ε_t——沥青面层下面层层底水平拉应变;

E——沥青面层下面层弹性模量(MPa);

$\beta_{a1},\beta_{a2},\beta_{a3}$——经验修正系数,

$$\beta_{a1} = K_a \cdot \beta_{a1}'$$

K_a——与沥青面层厚度H_a有关的面层疲劳裂缝传播速度修正系数,由图6-1可知,当沥青面层厚度小于18cm时,K_a随沥青面层厚度的增大而增大;当沥青面层厚度不小于18cm时,K_a恒等于1.0。

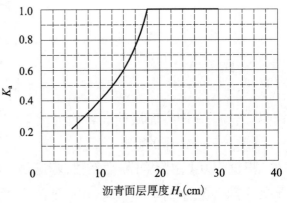

图6-1 沥青面层裂缝传播的修正系数 K_a

$$K_a = \frac{1}{8.27 \times 10^{-11} + 7.83 \cdot e^{-0.11H_a}}$$

$$\beta_{a1}' = 5.229 \times 10^4; \beta_{a2} = 1.314; \beta_{a3} = 3.018$$

④路床暂定疲劳破坏准则,当路床上各铺装层压缩永久变形之和达15mm时,所对应的容许标准轴载作用次数按式(6-3)计算:

$$N_{fs} = \beta_{s1} \cdot (1.365 \times 10^{-9} \cdot \varepsilon_z^{-4.477\beta_{s2}}) \quad (6-3)$$

式中:N_{fs}——容许100kN轴荷作用次数;

ε_z——路床表面含各铺装层累积压缩应变;

β_{s1},β_{s2}——经验修正系数,$\beta_{s1} = 2.134 \times 10^3, \beta_{s2} = 0.819$。

⑤与路床厚度设计有关的暂定破坏准则按式(6-4)计算:

$$\frac{\varepsilon_z'}{\varepsilon_z} < 0.5 \quad (6-4)$$

式中:ε_z'——路堤表面压缩应变;

ε_z——路床表面含各铺装层累积压缩应变。

⑥根据容许100kN轴荷作用次数,考虑不同温度条件的路面结构层力学评价暂按式(6-5)和式(6-6)计算:

$$D_{a} = \frac{1}{k}\sum_{i=1}^{k}\frac{N_{i}}{N_{fa.i}} \tag{6-5}$$

$$D_{s} = \frac{1}{k}\sum_{i=1}^{k}\frac{N_{i}}{N_{fs.i}} \tag{6-6}$$

式中：D_a——沥青面层在月度平均温度下100kN轴载作用一次的疲劳度；

D_s——路床在月度平均温度下100kN轴载作用一次的疲劳度；

k——年月份数，12；

$N_{fa.i}$——$i(1\sim12)$月平均温度条件下沥青面层容许100kN轴载作用次数；

$N_{fs.i}$——$i(1\sim12)$月平均温度条件下路床容许100kN轴载作用次数；

N_i——$i(1\sim12)$月平均温度条件下沥青面层和路床所受100kN轴载疲劳作用次数。

$$N_{fa.d} = \frac{1}{D_a} \tag{6-7}$$

$$N_{fs.d} = \frac{1}{D_s} \tag{6-8}$$

式中：$N_{fa.d}$——沥青面层的破坏轴次；

$N_{fs.d}$——路床的破坏轴次。

根据表6-1，引入可靠度系数，若满足$(N_{fa.d}/\gamma_R)\geq N$，$(N_{fs.d}/\gamma_R)\geq N$，从力学分析上是安全的；如$(N_{fa.d}/\gamma_R)<N$，或$(N_{fs.d}/\gamma_R)<N$，从力学分析上是不安全的，需重新拟定路面结构并试算，直至满足力学评价要求。

（2）参考日本沥青路面设计指针，沥青路面最小当量换算厚度在设计目标可靠度分别为90%、75%、50%时可按经验法算式计算。

目标可靠度50%时：

$$H = 6.13\frac{N_e^{0.16}}{E_0^{0.3}} \tag{6-9}$$

式中：H——最小当量换算厚度（cm）；

N_e——标准轴载累计当量轴次（次）；

E_0——土基回弹模量（MPa），按$E_0=10CBR$换算，CBR为路基加州承载比（%）。

根据规范正文公式(6.2.2-1)、公式(6.2.2-2)和本条文说明公式(6-9)，可计算出三种可靠度要求时，给定土基回弹模量和累计当量轴次条件下的沥青路面所需的最小当量换算厚度。

（3）路面某结构层当量换算系数a_i，由于浙江省内尚未进行过系统试验，该系数暂时参考日本资料取用，经对比验算，基本满足当量厚度法的设计要求。

（4）在满足$H'\geq H$条件下，设计中可实现多种面层、基层和底基层的组合形式。

根据表6-2的计算结果，以设计弯沉值和沥青层层底拉应力为指标，按弹性层状体系理论计算得到的路面当量厚度与按经验法计算的当量厚度相差基本在10%以内，作为试算路面结构厚度的经验法，一般可满足使用要求。

表6-2 按经验法与弹性层状体系理论计算的路面当量厚度对比

算 例	累计当量轴次	E_0	理 论 法	经 验 法	理论解/经验解
高速公路(特重)	25 175 130	40	39.25	38.70	101%
高速公路(特重)	33 568 240	45	42.80	40.53	106%
高速公路(特重)	41 961 340	45	43.10	42.00	103%
高速公路(重)	12 589 660	40	38.95	34.64	112%
一级公路(中)	3 143 235	35	27.40	28.88	95%
二级公路(重)	12 589 660	30	31.55	33.72	94%
二级公路(中)	3 143 235	30	26.50	27.01	98%

注:按经验法计算时,高速公路、一级公路按规范正文公式(6.2.2-1),二级公路按公式(6.2.2-2)计算;理论法计算结果已经换算为当量厚度;当量厚度换算系数按附录B取值。

6.2.3 典型结构

沥青路面的典型结构是在总结浙江省高等级公路的实践经验的基础上提出来的。

(1)半刚性基层沥青路面是浙江省最主要的路面结构形式。表6-3所示是浙江省已建成主要高速公路沥青路面结构。可以看出,早期建成通车的高速公路,沥青面层总厚度在15~17cm;基层、底基层一般为二灰碎石或水泥稳定碎石;2007年后设计的高速公路沥青面层厚度一般为18cm,基层、底基层一般为水泥稳定碎石。半刚性基层的典型结构的计算参数见表6-4。

表6-3 浙江省主要高速公路沥青路面结构汇总表

高速公路名称	面层和厚度			厚度(cm)	基 层	底 基 层	路面总厚度(cm)
	表面层	中面层	下面层				
沪杭高速(杭州、余杭段)	4cm中粒式	6cm粗粒式	7cm沥青碎石	17	25cm二灰碎石	15cm 二灰	57
上三高速(嵊州段)	4cm AC-13I	5cm AC-20I	7cm AC-25I	16	28cm水稳碎石	20cm 低剂量水稳砂砾	64
杭宁高速(长兴段)	4cm AK-16A	5cm AC-20I	6cm AC-25I	15	34cm二灰碎石	15cm 级配碎石/20cm 二灰土	64/69
杭宁高速(德清段)	4cm AK-16A	5cm AC-20I	6cm AC-25I	15	32cm水稳碎石	15cm 级配碎石/20cm 低剂量水稳碎石	62/67
杭宁二期(湖州段)	4cm AK-16A	5cm AC-20I	6cm AC-25I	15	32cm水稳碎石	15cm 级配碎石/20cm 低剂量水稳碎石	62/67
杭宁二期(余杭段)	4cm AK-16A	6cm AC-20I	7cm AC-25I	15	32cm水稳碎石	15cm 级配碎石/18cm 低剂量水稳碎石	62/65
金丽温(永嘉鹿城段)	4cmAK-13A(改性)	6cm AC-20I	8cm AC-25I	18	34cm水稳碎石	20cm 低剂量水稳碎石	72

续上表

高速公路名称	面层和厚度			厚度(cm)	基层	底基层	路面总厚度(cm)
	表面层	中面层	下面层				
金丽温（丽水—青田段）	4cmAK-13A（改性）	6cm AC-20I	8cm AC-25I	18	20cm 水稳碎石	34cm 低剂量水稳碎石	72
甬金高速（金华段）	4cmAK-13A（改性）	6cmAC-20I（改性）	8cm AC-25I	18	34~36cm 水稳碎石	18cm 低剂量水稳碎石	70~72
萧山机场高速公路	4cm AC-13A	5cm AC-20I	6cm AC-25I	15	30cm 水稳碎石	20cm 低剂量水稳碎石	65
杭新景千岛湖支线	4cmAK-13A（改性）	6cm AC-20I	7cm AC-25I	17	20cm 水稳碎石	30cm 低剂量水稳碎石	67
杭金衢高速	4cm AK-13A	5cm AC-20I	7cm AC-25I	16	30~32cm 二灰砂砾	20cm 二灰土	66~68
杭州绕城东段	4cmAK-13A（改性）	6cm AC-20I	7cm AC-25I	17	35cm 水稳碎石	18cm 低剂量水稳碎石	70
杭千高速（桐庐、建德段）	4cmAK-13A（改性）	6cm AC-20I	7cm AC-25I	17	20cm 水稳碎石	34cm 低剂量水稳碎石	71
杭长高速（安城~泗安）	4cmAK-13C（改性）	6cm AC-20C	8cm AC-25C	18	35cm 水稳碎石	18cm 低剂量水稳碎石	71
杭浦高速	4cmSMA-13（改性）	6cmSup-20（改性）	8cm Sup-25	18	35cm 水稳碎石	20cm 低剂量水稳碎石	73
杭州湾北接线	4cmSMA-13	6cmSup-20（改性）	8cm Sup-25	18	37cm 二灰碎石	20cm 低剂量水稳碎石	75
杭徽高速（昌昱段）	4cmAK-13A（改性）	5cm AC-16I	7cm AC-25I	16	33cm 水稳碎石	15cm 低剂量水稳碎石	64
申苏浙皖高速	4cmAK-13A（改性）	6cm AC-20I	8cm AC-25I	18	32cm 二灰碎石	20cm 二灰碎石	70
诸永高速	4AC-13C（改性）	7AC-20C（改性）	9cm AC-25C	20	20cm 水稳碎石	32cm 低剂量水稳碎石	72
甬台温高速	4cmAK-13A（改性）	5cm AC-20I	6cm AC-25I	15	34cm 二灰碎石	20cm 二灰碎石	69
舟山大陆连岛工程	4cmSMA-13（改性）	6cmAC-20C（改性）	8cm AC-25C	18	34cm 水稳碎石	16cm 低剂量水稳碎石	69
丽龙高速	4cmAK-13A（改性）	6cm AC-20I	8cm AC-25I	18	32cm 水稳碎石	20cm 低剂量水稳碎石	67
台缙高速	4cmAC-13C（改性）	6cmAC-20C（改性）	8cm AC-25C	18	20cm 水稳碎石	34cm 低剂量水稳碎石	72

续上表

高速公路名称	面层和厚度			厚度(cm)	基层	底基层	路面总厚度(cm)
	表面层	中面层	下面层				
龙丽高速（遂昌段）	4cmAC-13C（改性）	6cmAC-20C（改性）	8cm AC-25I	18	34cm 水稳碎石	17cm 低剂量水稳碎石	69
龙丽高速（莲都段）	4cmAC-13C（改性）	6cmAC-20C（改性）	8cm AC-25I	18	32cm 水稳碎石	20cm 低剂量水稳碎石	70
衢南高速	4cmAC-13C（改性）	6cmAC-20C（改性）	8cm AC-25C	18	20cm 水稳碎石（振动成型）	32cm 低剂量水稳碎石（振动成型）	72
黄衢高速	4cmAC-13C（改性）	6cmAC-20C（改性）	8cm AC-25C	18	34cm 水稳碎石	16cm 低剂量水稳碎石	72
绍诸高速	4cmAC-13C SBS改性	6cmSup-20 SBS改性	8cm Sup-25	18	36cm 水稳碎石（振动成型）	16cm 水稳碎石（振动成型）	70
龙庆高速	4AC-13C SBS改性	6AC-20C SBS改性	8cm AC-25C	18	32cm 水稳碎石（振动成型）	20cm 水稳碎石（振动成型）	70
杭长（杭州~安城）	4AC-13C SBS改性	6Sup-20 SBS改性	8cm Sup-25	18	30cm 水稳碎石（振动成型）	34cm 水稳碎石（振动成型）	72
杭新景建德至开化段	4AC-13C SBS改性	6AC-20C SBS改性	8cm AC-25C	18	32cm 水稳碎石（振动成型）	20cm 水稳碎石（振动成型）	70
东阳至永康高速公路	4SMA-13 改性	6Sup-20 SBS改性	8cm Sup-25	18	35cm 水稳碎石（振动成型）	20cm 水稳碎石（振动成型）	73
萧山机场路改建工程	4SBS改性 AC-13C	5SBS改性 Sup-20	7cm AC-25C	16	34cm 水稳碎石（振动成型）	16cm 水稳碎石（振动成型）	66
温州绕城高速公路北线	4AC-13C SBS改性	6AC-20C SBS改性	8cm AC-25C	18	20cm 水稳碎石（振动成型）	32cm 低剂量水稳碎石	72
嘉兴至绍兴跨江公路通道	4cmSMA-13 SBS改性	6cmSup-20 SBS改性	8cm Sup-25	18	20cm 水稳碎石（振动成型）	34cm 水稳碎石（振动成型）	72
钱江通道南接线	4cmSMA-13 SBS改性	6cmAC-20C SBS改性	8cm AC-25C	18	20 水稳碎石（振动成型）	35cm 水稳碎石（振动成型）	73
温州绕西高速	4cmAC-13C SBS改性	6cmAC-20C SBS改性	8cm AC-25C	18	30cm 水稳碎石（振动成型）	34cm 水稳碎石（振动成型）	72

表6-4 半刚性基层的典型结构的计算参数表

层 位	结 构 名 称		20℃回弹模量（MPa）	15℃回弹模量（MPa）	劈裂强度（MPa）
1	表面层	细粒式沥青混凝土	1 400	2 000	1.4
2	中面层	中粒式沥青混凝土	1 200	1 600	1.0

续上表

层 位	结构名称		20℃回弹模量（MPa）	15℃回弹模量（MPa）	劈裂强度（MPa）
3	下面层	粗粒式沥青混凝土	900	1 200	0.8
4	基层	水泥稳定	1 400	4 000	0.6
5	底基层	低剂量水泥稳定	800	3 000	0.4

（2）能够满足未来更大的交通量和轴重的柔性抗疲劳沥青混凝土基层，是近年来欧美各国重点采用的一种长寿命沥青路面结构类型，可大大提高沥青路面的使用年限。柔性基层沥青路面在国外作为主要的路面结构形式，而国内也对刚柔组合（柔性）基层沥青路面做了大量有意义的尝试和研究。

浙江省公路管理局主持的科研项目《浙江省高速公路沥青路面合理结构形式研究》，课题研究的主要路面结构如表6-5和表6-6所示。

表6-5　甬金高速公路金华段试验路

项　目	方案A（纯柔性结构）	方案B（过渡层结构）
表面层	4cmAK-13（改性）	4cmAK-13（改性）
中面层	8cmAC-20（改性）	8cmAC-20
下面层	—	8cmAC-25
基层	14cmATB-25＋20cm级配碎石	14cm级配碎石＋18cm水泥稳定碎石
底基层	20cm级配碎石	20cm水泥稳定碎石
项　目	方案C（刚柔组合结构）	方案D（刚柔组合结构）
表面层	4cmAK-13（改性）	4cmAK-13（改性）
中面层	8cmAC-20	8cmAC-20（改性）
下面层	—	—
基层	14cmATB-25＋20cm级配碎石	14cmATB-25＋20cm级配碎石
底基层	20cm水泥稳定碎石	20cm水泥稳定碎石

表6-6　金丽温高速公路温州永鹿段、杭千高速公路桐庐段试验路

项　目	方案A（半刚性结构）	方案B（过渡层结构）
表面层	4cmAK-13（改性）	4cmAK-13（改性）
中面层	6cmAC-20（改性）	8cmAC-20
下面层	8cmAC-25	8cmAC-25
基层	34cm水泥稳定碎石	14cm级配碎石＋18cm水泥稳定碎石
底基层	20cm水泥稳定碎石	20cm水泥稳定碎石
项　目	方案C（刚柔组合结构）	方案D（刚柔组合结构）
表面层	4cmAK-13（改性）	4cmAK-13（改性）
中面层	8cmAC-20	8cmAC-20（改性）

续上表

项　目	方案C(刚柔组合结构)	方案D(刚柔组合结构)
下面层	—	—
基层	14cmATB-25+20cm级配碎石	14cmATB-25+20cm级配碎石
底基层	20cm水泥稳定碎石	20cm水泥稳定碎石

研究表明,在高温和重载条件下,柔性基层、刚柔组合基层沥青路面结构形式与半刚性基层结构形式相比,柔性基层、刚柔组合基层沥青路面结构形式具有较好的高温抗变形能力。

为了对比刚柔组合基层沥青路面结构与半刚性基层结构的优劣,浙江省在湖州地区也修筑了刚柔组合基层沥青路面试验路段,其结构见表6-7。

表6-7　湖州地区刚柔组合基层沥青路面试验结构方案

方案1(100m)	方案2(100m)	方案3(50m)	方案4(50m)
右:K1360+340~K1360+440	右:K1360+440~K1360+570	左:K1360+440~K1360+490	左:K1360+490~K1360+540
5cmAC-16I		5cmAC-16I	
7cmAC-25I		7cmAC-25II	
10cm乳化沥青碎石上基层	10cmAC-30II热拌沥青碎石上基层	10cmLSAM-25特粗粒式沥青混凝土上基层	10cmAC-30II热拌沥青碎石上基层
10cm乳化沥青碎石下基层		10cm低剂量水泥稳定碎石下基层	
10cm级配碎石底基层		10cm级配碎石底基层	
10cm宕渣垫层		10cm宕渣垫层	
粉喷桩加固软土路基		粉喷桩加固软土路基	

2005年6月观测试验段,除在底基层为低剂量水泥稳定碎石处见到小段横向裂缝外,在乳化沥青稳定碎石基层均未见横向反射裂缝。而与试验路相接的半刚性基层在历时一年后出现了严重的反射裂缝,裂缝宽约5mm,并且已经贯穿整个路幅。经历3年行车运营,没有出现明显的车辙,这说明厚沥青层并不会出现想象中的严重车辙。

对于级配碎石作为上基层,在浙江省沪杭甬高速公路钱江二桥两端接线改造时已经得到成功应用。老路路面为水泥面板加半刚性结构,设计时将老路水泥面板挖除,路线纵面拉坡后,部分路段设计高程较高,最大加铺厚度为49cm,若全部采用沥青面层调平,造价较高。为节省工程造价,设计推荐加铺层厚度大于33cm时,保证沥青面层厚度为25cm的基础上(表面层采用SMA结构),调平层采用厚度不小于8cm的级配碎石。到2010年年底为止,工程竣工已满6年,路面结构仍保持完好。

浙江衢南高速公路试验段K138+100~K139+100刚柔组合基层沥青路面结构:路面总厚度为74cm;4cmAC-13C型细粒式SBS改性沥青混凝土+6cmAC-20C型中粒式沥青混凝土+14cmATB-25型粗粒式沥青碎石+18cmGRH-25型级配碎石柔性基层+32cm水泥稳定碎石底基层。

浙江衢南高速公路试验段K83+764~K84+764和K137+100~K138+100,采用复

合式基层路面结构,路面总厚度为70cm不变,沥青面层为18cm(即4cmAC-13C型细粒式SBS改性沥青混凝土+6cmAC-20C型中粒式沥青混凝土+8cmAC-25C型粗粒式沥青混凝土),基层采用复合式基层(即12cm密级配沥青稳定碎石上基层+20cm水泥稳定碎石下基层),底基层采用20cm水泥稳定碎石。

浙江省交通规划设计研究院参与的三条福建高速公路勘察设计,沥青路面均采用刚柔组合基层沥青路面新型结构,见表6-8。其中福建浦南高速公路第2合同段是交通部第一批典型示范工程项目,标准为双向四车道高速公路,项目于2005年11月开工建设,2008年12月建成通车。全线采用了刚柔组合基层沥青路面等典型示范设计新理念,使用效果良好。

表6-8　福建省高速公路刚柔组合基层沥青路面结构方案

项　目	福建浦南高速公路 第2合同段		福建泉三高速公路 泉州支线		福建省浦城至建宁联络线 浦城段高速公路	
路线(km)	主线86.645,支线3.856		56.184		34.86	
结构类型	主线	匝道	主线	匝道	主线	匝道
表面层(cm)	4cmAC-13C	4cmAC-13C	4.5cmAC-16C	4.5cmAC-16C	4.5cmAC-16C	4.5cmAC-16C
AC-20C下面层(cm)	6	6	5.5	5.5	5.5	5.5
ATB-25上基层(cm)	16	10	16	16	16	12
级配碎石下基层(cm)	15	16	12	12	16	16
下封层(cm)	1	1	1	1	不计厚度	不计厚度
3%水稳底基层(cm)	32	20	32	20	32	32
级配碎石垫层(cm)	(15)	(15)	(15)	(15)	(15)	(12)

7 基层、底基层、垫层

7.1 半刚性基层、底基层

浙江省半刚性基层、底基层主要有水泥稳定碎石、二灰(石灰、粉煤灰)稳定碎石两种。由于缺乏粉煤灰料源以及二灰施工时容易产生粉尘污染的问题,目前公路上很少采用二灰碎石作为基层、底基层,故本规范半刚性基层、底基层只涉及水泥稳定碎石混合料。

7.1.6 新建半刚性基层沥青路面在通车运营几年后往往不同程度地会出现早期破坏现象,主要表现为出现收缩裂缝、唧浆,发生结构性破坏。原因是当前基层材料设计方法和评价标准落后于当今的施工机械技术发展水平,表现在室内成型方式与现场碾压方式不匹配、质量控制指标单一、压实标准偏低、规范规定的级配范围宽、不同级配的混合料力学性能有很大差异。半刚性基层材料运用振动成型设计方法,进一步提高了路面的使用性能,在合理级配范围内,可适当降低水泥剂量,提高压实度标准和半刚性基层沥青路面的技术性能,克服因现行混合料设计方法自身问题所导致的材料性能缺陷。

本规范推荐水泥稳定碎石混合料成型应采用振动成型法,以振动成型试件的最大干密度作为标准密度,对此,浙江省省厅(浙交[2009]100号)文件《关于进一步提高公路工程设计质量的若干意见》中明确"水稳基层推广采用振动成型法,以减少基层干缩裂缝"。具体应用可参考浙江省地方标准《公路水泥稳定碎石基层振动成型法施工技术规范》(DB 33/T 836—2011)。

7.2 柔性基层

7.2.1 针对半刚性基层沥青路面容易出现反射裂缝的弱点,柔性基层沥青路面由于其良好的使用性能在许多国家得到应用,取得了比较好的使用效果。柔性基层沥青路面结构类型一般分为两种:一是级配碎石或沥青稳定碎石基层沥青路面结构;二是在级配碎石基层下加铺一层半刚性底基层,由于半刚性底基层模量较大,使级配碎石基层的非线性特点得到发挥,有利于降低沥青层层底拉应力和拉应变,增强沥青层抗疲劳能力。柔性基层沥青路面与半刚性基层沥青路面具有不同的性能特点,可以与半刚性基层沥青路面互为补充。柔性基层沥青路面结构通过采用沥青稳定碎石或级配碎石材料做基层,对交通荷载的响应变得不太敏感,通过自身良好的弹性形变特点,对重交通荷载的适应能力更强,同时，由于两种材料对水的稳定性好，对提高沥青路面的长期使用性能具有更好的作用。通过半刚性基层与柔性基层的组合，可以减小半刚性结构层的温度梯度，加强整个路面结构的排水性能，并且由于级配碎石相对较大的应变能，能够有效地消减沥青路面的反射裂缝，减少水损害的发生，改善路面的长期使用性能和适应环境的能力。试验证明，组合式沥青路面结构能够有效地发挥半刚性基层高强度的优点及级配碎石良好的性能，减少路面早期破坏，提高路面长期使用性能。

7.3 垫层

7.3.3 根据调查，挖方路段病害通常较为集中，且维修养护较为困难，其原因主要是路面渗水和路床渗水积聚在不平整的路面结构层底面，在车辆动荷载的反复作用下，易产生路面早期破坏，因此规范对挖方路段垫层的材料和厚度加以规定，要求采用透水性材料换填。本规范中的换填厚度依据浙交[2005]402号《印发关于全面提高我省高速公路沥青路面质量实施意见的通知》和实际工程应用情况确定。

8 沥青面层

8.1 一般规定

沥青面层应具有平整、密实、抗滑、耐久的品质,并具有高温抗车辙、低温抗开裂,以及良好的抗水损害能力。应根据使用要求、气候特点、交通条件、结构层功能等因素,结合沥青层厚度和当地实践经验,合理地选择各结构层的沥青混合料类型。

(1)抗滑面层宜选用沥青玛蹄脂碎石SMA、密级配粗型沥青混合料AC-C,有条件时可用开级配沥青磨耗层OGFC。

(2)在各沥青层中至少有一层应为密级配沥青混合料。

(3)SMA宜采用改性沥青,并掺入纤维稳定剂,剂量通过试验确定。

(4)OGFC适用于年平均降雨量大于800mm地区的磨耗层和排水路面的表面层,开级配沥青混合料磨耗层厚度为20mm左右,排水表面层宜为30~40mm,结合料应采用高黏度改性沥青,混合料中应掺入适量的消石灰和纤维稳定剂;开级配沥青混合料磨耗层或排水表面层下应设置防水层,并将雨水排出路基。

8.2 路面材料

8.2.2 道路石油沥青

(1)在夏炎热且冬温的气候区区,对高温稳定性有更高要求时,下面层沥青混合料可考虑采用50号道路石油沥青。

(2)Superpave是SHRP沥青研究的成果,其中沥青胶结料规范是Superpave体系中发展至今较为成熟的组成部分之一。它取代了在固定温度条件下进行试验来改变规定值的做法,采用规定值固定不变,而用于获得此规定值的试验温度变化的做法。性能分级PGXX-YY中,XX为"高温等级",表示胶结料在高温XX℃时仍具有足够的物理特性,相应于胶结料所期望的服务气候的路面高温;YY为"低温等级",意指胶结料在路面温度降至零下YY℃时仍具有足够的物理特性。现有的胶结料等级如表8-1所示,高温、低温标识在各自的方向以6℃递增。

(4)透层是为使沥青面层与非沥青材料基层结合良好而在基层上喷洒液体石油沥青、乳化沥青、煤沥青而形成的透入基层表面一定深度的薄层。下封层是为封闭表面空隙、防止水分侵入而在基层上铺筑的有一定厚度的沥青混合料薄层。为更好地发挥透层

+下封层的防水黏结作用,浙交[2006]235号《关于印发浙江省高速公路沥青路面施工补充技术要求的通知》中明确半刚性基层上的下封层和透层合为一层实施,因此,本规范将半刚性基层上的下封层和透层统一称为透封层。

表8-1 Superpave胶结料等级

高温等级	低温等级	高温等级	低温等级
PG46-	34,40,46	PG70-	10,16,22,28,34,40
PG52-	10,16,22,28,34,40,46	PG76-	10,16,22,28,34
PG58-	10,22,28,34,40	PG82-	10,16,22,28,34
PG64-	10,16,22,28,34,40		

浙交[2007]75号《关于印发浙江省高速公路沥青路面规范化施工与质量管理指导意见的通知》中规定透封层乳化沥青洒布量一般为0.9~1.0kg/m²(沥青净含量),碎石粒径采用2.36~4.75mm,撒布量一般为5~8m³/1 000m²,为统一计量单位,暂定按松方每立方2 000kg换算成撒布量为10~16kg/m²。

8.2.3 路用矿料

路面用的石料属于地方材料,且用量巨大,1km四车道的高速公路沥青路面面层就需石料8 000t以上,基层需石料2万t以上。因此,一般情况下路面用的石料应尽量就地取材,以降低沥青路面的造价,这就需要对道路经过的当地石料资源进行详细的了解和分析,以选择坚硬、耐磨、具有良好路用性能的石料,建造高质量的高等级公路。浙江省几种主要矿料及产地见表8-2。

表8-2 浙江省几种主要矿料及产地

产 地	矿料主要种类	产 地	矿料主要种类
诸暨	石灰岩、玄武岩	湖州	辉绿岩、砂岩、石灰岩
上虞	辉绿岩、玄武岩、石灰岩	衢州	玄武岩
嵊州	玄武岩、石灰岩	宁波	凝灰岩、石灰岩
余杭	石灰岩、辉绿岩	丽水	玄武岩、石灰岩

为加强沥青路面面层石料质量的监督、管理,把好沥青路面原材料质量的源头关,浙交[2006]54号《关于加强我省高速公路沥青路面面层石料质量管理的通知》规定:由浙江省公路管理局负责浙江省石料生产企业所供高速公路沥青路面面层石料的质量监督管理工作,全省所有高速公路沥青路面工程施工项目必须在省厅选定的石料生产企业名单中选择沥青面层所用石料。浙江省交通运输厅每年在浙江省交通网站(www.zjt.gov.cn)发布公告,接受有意向进入浙江省高速公路沥青路面建设石料供应市场的单位的申请(网上申请),申请报告先由省网络办进行预审,通过预审的石料生产企业,由省网络办负责委托有资格的试验室进行质量检测并提交相关检测报告,经省网络办初审和评定,选出被考察企业名单,由省网络办组织专家对其工厂的料源、生产工艺、质保体系、运输条件、

售后服务、资信和履约等方面进行综合考察,符合基本条件、质量稳定、管理到位的优先进入选定名单。通过审查的生产企业将进入浙江省省厅选定的石料生产企业名单,由省厅采取网上公告的方式告示。对已选定的生产企业实施复查制,每两年(偶数年的10月)先由企业在网上填报复查表,再经省网络办组织考核复查。

浙交[2009]37号《关于加强全省普通国省道和重要县道一级公路沥青路面石料质量管理的通知》将全省高速公路和普通国省道、重要县道一级公路新、改建及大修养护工程中的沥青路面石料统一纳入行业管理。

本规范粗集料、细集料及矿粉的质量技术要求针对高速公路及一级公路,二级公路相应技术要求在满足《公路沥青路面施工技术规范》(JTG F40—2004)第4.8条、4.9条、4.10条的基础上可参照执行。

(1)粗集料。

粗集料的抗破碎能力是石料力学性质的一项指标,尤其在我国特别受重视。《公路工程集料试验规程》(JTG E42—2005)T 0316—2005粗集料压碎值试验中3.1规定"采用风干石料用13.2mm和9.5mm标准筛过筛,取9.5~13.2mm的试样3组各3 000g,供试验用。如过于潮湿需加热烘干时,烘箱温度不得超过100℃,烘干时间不超过4h。试验前,石料应冷却至室温。"而《公路沥青路面施工技术规范》(JTG F40—2004)第5.6.6条中明确指出"热拌沥青混合料的最低摊铺温度根据铺筑层厚度、气温、风速及下卧层表面温度按本规范5.2.2条执行,且不得低于表5.6.6的要求。"根据表5.2.2,对于间隙式拌和机,集料加热温度比沥青温度高10~30℃(常用70号石油沥青加热温度为155~165℃),正常施工混合料摊铺温度不低于135℃,开始碾压的混合料的内部温度不低于130℃,低温施工状况下摊铺及碾压温度还需相应增加15℃;对SBS聚合物改性沥青混合料,集料加热温度为190~220℃,摊铺温度不低于160℃,初压开始温度不低于150℃;根据表5.6.6,热拌沥青混合料的最低摊铺温度:普通沥青混合料最低温度不得低于124℃,改性沥青混合料或SMA沥青混合料最低温度不得低于139℃。试验评价与实际施工存在不符状况,有些石料在经过拌和楼高温滚筒后品质会有衰减,为更好地控制石料质量,评定其在公路工程中的适用性,对表面层粗集料增加了高温条件下压碎值指标。

由于现行标准没有对集料的高温压碎值作出具体的技术规范要求,通过试验研究,要求粗集料的高温压碎值表面层不大于24%,建议其他层不大于28%。

高温压碎值试验:①施加荷载前须将装有试样的压碎值试验仪和压柱一起放入190℃±2℃的烘箱内保温2h;②从烘箱中取出到荷载施加操作完成时间不得超过15min;其他与常温试验相同。

8.3 沥青混合料

8.3.4 表8.3.4为采用马歇尔试验配合比设计方法时浙江省的一些常用级配曲线范围,实际工程中采用的矿料级配曲线应根据矿料种类、密度等及规范指标要求进行相应的调整。

9 特殊路段路面结构

9.1 软土路段路面

9.1.1 半刚性基层具有板体性强、承载能力高等优点,但是适应变形能力差,软土路段路基沉降变形大,柔性基层结构更能适合下部的不均匀变形。

9.1.2 路面结构铺筑条件采用双标准控制,即要求推算的工后沉降量小于设计容许值,同时要求达到以下沉降速率标准时,方可卸载开挖路槽并开始路面铺筑。

(1) 对欠载预压的路段,按连续两个月的月沉降速率小于3mm进行控制。

(2) 对等载预压的路段,按连续两个月的月沉降速率桥头小于3mm、一般路段小于5mm进行控制。

(3) 对超载预压的路段,当有效应力面积比小于0.75并且预压期超过6个月时,按连续两个月的月沉降速率小于7mm进行控制。有效应力面积比超过0.75小于1.0时,按连续两个月的月沉降速率桥头小于5mm、一般路段小于7mm进行控制。有效应力面积比超过1.0时,按连续两个月的月沉降速率桥头小于3mm、一般路段小于5mm进行控制。

9.1.3 填海路堤路基沉降量大,对路面影响大,可根据条件实施分期修建,待路基沉降稳定后再实施加铺。

9.2 长上坡路面

9.2.1 根据"浙江省高速公路沥青路面病害成因与防治技术研究"的调查统计,车辙已经成为当前浙江省营运高速公路沥青路面的一种普遍性病害,山区高速公路长上坡路段车辙问题特别突出。沥青路面的车辙一般与沥青混合料类型、交通荷载、温度、路面结构类型和施工质量等因素有关。对于长上坡路段沥青路面来说,车辙产生的主要原因是荷载作用时间长、水平力大和高温等综合外部因素影响和作用下的一种破坏形式。根据《浙江省山区高速公路长上坡路段抗车辙沥青路面应用技术研究》,长上坡路段交通荷载作用时间增大3~4倍;在考虑水平力作用的条件下,3%、5%和7%的坡度路段的沥青层承受的剪应力比一般的平坡路段分别增加5.9%、11.7%和18.3%;并且最大剪应力的分布逐渐向路面表面移动。

提高和改进沥青路面抗车辙能力的措施主要有：①选择合适的沥青混合料原材料；②合理的沥青混合料配合比设计；③沥青路面结构的合理组合；④沥青路面的施工工艺的有效控制。其中，沥青混合料原材料的选择包括：沥青结合料、混合料级配、外掺剂。

9.2.2 《浙江省山区高速公路长上坡路段抗车辙沥青路面应用技术研究》课题组对杭金衢高速公路长上坡段车辙严重部位进行了横断面切割并对断面形状进行了分析，结果表明：下面层车辙变形平均均为12.4%，中面层平均为50.7%，表面层平均为36.9%。国内的其他一些研究也表明，车辙主要发生在沥青路面的上中面层。沥青混合料中结合料的类型对沥青混合料的抗车辙能力具有一定的影响，目前常用的结合料有SBS改性沥青、聚合物抗车辙剂改性沥青、橡胶粉改性沥青、天然沥青（湖沥青、岩沥青）或复合改性沥青等。

9.3 桥面沥青混凝土铺装

9.3.3 水泥混凝土桥面铺装结构

（3）抛丸处理，即通过机械的方法把钢丸或砂砾以一定的速度和角度抛射到工作面上，让丸料冲击工作表面，同时利用配套设备收回丸料和清理下来的杂质，从而清除工作面的软弱层，然后清扫，用高压水冲洗，表面洁净干燥后再铺防水黏结层。

水泥混凝土桥界面处理完成后，桥面调平层混凝土应纹理均匀、坚硬、洁净、无杂质，桥面浮浆应清除干净。抛丸后的桥面采用构造深度进行验收，检测频率为5处/1 000m²（随机选取）。具体构造深度值根据桥面水泥混凝土强度等级的不同通过在现场试验段试验确定，构造深度值原则上不小于0.45mm。桥面抛丸处理验收合格后可进行桥面防水黏结层的施工。

（4）拉拔强度及剪切强度试验条件：试件体为模拟桥面铺装结构组合，拉拔速度与剪切速度均为10mm/min，试验温度为25℃，混凝土表面状况为磨光状态。

9.3.4 钢桥面铺装结构

世界各国的钢桥面铺装基本均采用沥青混凝土体系，它具有良好的行驶性能，质量轻，适合于发展大跨径桥梁。从铺装材料和施工方法角度来分，目前国外桥面铺装方案主要有以下四类：①以德国、日本为代表的高温拌和浇注式沥青混凝土（Guss asphalt）方案；②以英国为代表的沥青玛蹄脂混凝土（Mastic asphalt）方案（实际上也是浇注式沥青混凝土，只是铺装厚度和工艺与日本有所不同）；③德国和日本等国近期采用的改性沥青SMA方案（Stone Mastic Asphalt）；④以美国为代表的环氧树脂沥青（Epoxy asphalt）混凝土方案。我国大型钢桥面铺装的研究可以广东虎门桥（1997年通车）为起点，陆续引进了美国双层环氧方式、英国浇注式方式、双层SMA方式以及日本方式等。

由于我国气候条件及荷载条件与国外有很大不同，某些在国外使用效果不错的铺装在我国应用情况并不令人满意。国内工程界对钢桥面铺装经过10多年的研究，逐渐认识到钢桥面铺装的特殊性和复杂性,开始有针对性地进行桥面铺装设计。随着我国大跨径钢桥越来越多的建成,对结构和材料组合等方面有越来越多的探究。目前常用的钢桥面铺装结构主要有三种:①树脂沥青组合体系;②浇注式沥青混凝土结合 SMA;③双层环氧沥青混凝土。

(1)树脂沥青组合体系。

2004 年年底,西陵长江大桥桥面铺装的翻修采用了 EBCL(环氧树脂黏结碎石)+ SMA 的铺装结构对探究新的桥面铺装方式进行了尝试,部分桥面采用了 EBCL + 沥青砂薄层 + SMA 的结构,效果较好。通过总结西陵桥的铺装经验并反复试验,自杭州湾跨海大桥海中平台匝道桥(2007 年)开始,国内对组合式钢桥面铺装技术进行了较为系统的研究,形成了树脂沥青组合体系(ERS)钢桥面铺装技术。它利用 EBCL + RA(冷拌树脂混合料)将光滑导热的钢桥面变成类似混凝土桥面,然后进行沥青混凝土铺装,其典型结构由 EBCL + RA05 + SMA 三层组成。浙江省杭州湾跨海大桥海中平台匝道桥、杭州江东大桥、宁波庆丰桥、宁波姚江大桥、宁波外滩桥、宁波明州大桥等应用了此方案。

ERS 铺装对施工环境的要求不高,不需要特殊的施工机具,施工及养护时间较短(需 3 天左右固化时间),后期维护较方便,费用较低,但机械化程度不高(如 EBCL 层为人工涂布等)。ERS 钢桥面铺装除西陵长江大桥使用 5 年外,其余桥面铺装为近两年来修建,目前江东大桥出现一些 SMA 层损坏,其他未见不良报道,长期性能仍有待观测验证。

(2)浇注式沥青混凝土结合 SMA。

浇注式沥青混凝土起源于德国,并在日本、德国、英国等国家得到了广泛应用。它是指在高温(220~260℃)下拌和,依靠混合料自身的流动性摊铺成型、无需碾压的一种高沥青含量与高矿粉含量、空隙率小于 1% 的沥青混合料,其结合料通常由湖沥青(TLA)与石油沥青按一定比例掺配而成,属悬浮—密实结构,具"三高一低"(矿粉含量高、沥青含量高、拌和温度高、粗集料含量低)的特点。

国内的浇注式桥面铺装起源于江阴长江大桥。1997 年,香港青马大桥建成通车,其钢桥面铺装采用了英国式的浇注式沥青混凝土结构(单层 40mm),江阴大桥施工时,也采用了此方案(单层 50mm 浇注式沥青混凝土)。浇注式桥面最初形式为:当浇筑完成但仍处于可塑状态时,在其浇筑层表面撒布一层单粒径碎石,用压路机将撒布碎石的 2/3 压挤进入浇筑层,形成表面粗糙但又不透水的行车路面。江阴大桥即是如此,但应用效果并不理想,运营一年多后桥面出现了开裂、鼓包、拥挤等多重病害。经过研究改进,现在一般均为铺装下层采用浇注式,铺装上层采用 SMA 或其他密级配改性沥青混凝土,同时,在与钢板相交的界面处引进设置了英国的 Eliminator 防水黏结材料。我国其他应用实例还有安庆长江大桥、东营黄河大桥、重庆菜园坝大桥、贵州北盘江大桥等,其在我国的水泥混凝土桥面铺装工程中也有应用(上海东海大桥),浙江省暂无实践应用。

浇注式钢桥面铺装具有良好的变形随从性和防水性能,但高温稳定性略不足,施工需专项设备(专用拌和设备 COOKER),但工程造价较低,且施工难度较环氧要低。目前,多应用于市内桥梁或非高温地区重载流量不大的桥梁,在长江中下游高温重载条件下的成功例证还不够充分。

(3)双层环氧沥青混凝土。

环氧沥青混凝土是由环氧沥青与一定级配的集料拌和,通过摊铺,碾压成型的一种高模量沥青混凝土。1967年,美国San Mateo-Hayward大桥首次将环氧沥青混合料用作钢桥面铺装。随后在美国、加拿大、荷兰、澳大利亚等国家得到大量应用,但以美国应用最为广泛。双层环氧沥青铺装技术因南京长江二桥(2001年建成通车)首次引进国内,进而广泛应用,如南京三桥、苏通大桥、润扬大桥、湛江海湾桥及浙江省的杭州湾跨海大桥、舟山西堠门大桥、金塘大桥等。

环氧沥青铺装是一种优良的铺装方案,国内有许多成功应用。环氧沥青混凝土具有强度高、耐化学腐蚀、耐高温、耐疲劳等优点,但同时也存在关键技术一直被视为商业机密或通过专利予以保护,价格高昂,施工工艺复杂,对施工环境要求苛刻,施工控制难度大,养护时间长(需30~45天),修复难度大等不足。环氧沥青铺装破坏的主要表现形式是开裂进水、鼓包剥落,在润扬大桥、湛江海湾桥、杭州湾跨海大桥(北航道桥)等均有表现,目前较为有效的修复方法为环氧树脂砂浆修复。

钢桥面的铺装设计应充分考虑桥梁结构特点、交通荷载状况、桥梁所在地环境气候条件、地质情况、施工条件,并结合本地桥面铺装及国内同类型桥面铺装工程经验,进行桥面铺装结构选择与设计。具体铺装厚度应依据桥梁允许恒载条件(如允许施工厚度)、铺装受力分析结构、施工条件(如工期)等进行综合考虑。随着研究的不断系统深入,研究手段和经验日益丰富,各类铺装方案都在发展改进当中,对材料的技术指标及性能要求也将不断调整。上述三种钢桥面铺装技术各有优缺点,设计时应根据具体情况选择合适的方案,做好必要的室内试验和试验段铺筑。

9.4 隧道路面

9.4.1 在欧洲,几乎所有的隧道都采用沥青路面,而日本隧道中则多采用水泥混凝土路面,根据《公路隧道设计规范》(JTG D70—2004)的调查(浙江2001年),对于高速公路隧道而言,一些地区的调查研究表明,高速公路隧道的交通事故率远大于洞外路段,所调查的隧道交通事故大多发生在水泥混凝土路面中,沥青路面事故明显减少,主要原因为洞内水泥混凝土路面经较长时间使用后摩擦系数下降明显且难以补偿,洞口段由于雨水影响使摩擦系数发生变化而导致行车失控。

9.4.2 岩石路基因存在超挖与欠挖现象,故应设置整平层。而设置仰拱的隧道,其仰拱填充已充当了整平功能,故仅设置基层与面层。

9.4.3 隧道是个封闭的体系,特别是特长隧道,通风条件差。普通热拌沥青混合料在摊铺过程中产生大量烟尘;施工环境温度急剧上升,施工工作环境极其恶劣。采用温拌技术后沥青混合料在摊铺过程中所排放出的有害气体可大大降低,各类有害气体的排放量都下降80%以上。根据测试数据及现场施工时的直接感受,采用温拌技术可显著减少沥青烟的挥发,极大地改善施工人员的工作环境。图 9-1 所示分别为隧道路面温拌和热拌施工现场。

图 9-1　隧道路面温拌(左)、热拌(右)施工现场

9.4.4　桥隧相接路基段较短时,如路面结构形式发生变换,施工及维修养护不方便,而且不同结构之间的过渡影响路面平整度。

9.4.5　为确保沥青路面与水泥混凝土板的黏结牢固,应设置防水黏结层。

10 路面排水

10.1 一般规定

10.1.1 在纵断面设计时,应尽量满足排水的纵坡要求,特别是在横向排水不畅的路段上或者车道数较多的公路上更应注意。为保证路面排水畅通,纵坡不小于0.3%,一般情况不小于0.5%;同时,合成坡度不应小于0.5%;在满足线形设计要求的前提下,不应追求过大的竖曲线半径,以减少纵断面上排水不畅的路段长度。

平纵组合设计不仅要满足驾驶员视觉和心理上的要求,还应满足路面排水的要求,尽量做到平曲线与竖曲线完全对应,且平曲线比竖曲线更长,即"平包竖";若平曲线与竖曲线错开,要避免凹(凸)形竖曲线的顶点位于平曲线的缓和曲线上,特别要避免位于超高过渡的零坡断面附近处;要避免凹(凸)形竖曲线的顶点位于S形平曲线的拐点上。

10.2 路表排水

10.2.1 路面表面排水的主要任务是迅速把降落在路面上的雨水,通过路面和路肩设计的横坡向两侧排走,以避免造成路面积水而影响行车安全。

路表排水分为分散排水和集中排水。

浙江省早期修建的高等级公路较多采用土路肩设置拦水缘石的集中排水方案,经实践检验,主要存在两大问题:一是在强暴雨作用下拦水缘石易遭水毁;二是由于软土路基沉降或路基不均匀沉降变形导致汇水难以集中排泄,致使漫流至行车道上影响通行安全,故目前一般路段不再推荐采用。

(1)分散排水——路面表面水通过路面、路肩的横向坡度与路线纵坡的合成坡度斜向漫流形式向路堤坡面分散排出的方式,是路面表面排水设计的首选方案。分散排水由路面横坡、路肩和边坡防护组成。

适用条件:路线纵坡平缓,汇水量较小,路堤高度较低或路堤边坡防护抗冲刷能力强的路段等。

(2)集中排水——在路肩外侧边缘设置沥青拦水埂或者预制混凝土拦水带,利用路面路拱横坡及纵坡将路面水汇集在拦水带与硬路肩组成的浅三角形过水断面内,然后根据设置有一定间距的泄水口和边坡急流槽集中排至路基两侧的排水沟。集中排水由路面横坡、拦水带或矩形槽、泄水口和急流槽组成。

适用条件:路线纵坡较大的桥头路段,高填方路段(边坡高度≥15m),填方凹形竖曲线底部,路面超高段内侧路段,边坡坡面未做防护而易遭受路面表面水流冲刷,或者坡面虽已采取防护措施但仍有可能受到冲刷(如路堤坡面易受冲刷的粉性土、砂性土和强风化花岗岩路段),或者当公路经过水环境中等强敏区和强敏区。

10.2.4 一般路段下,土路肩采用种植适合当地气候、土质条件的草皮绿化生态防护方式,土路肩低于硬路肩4~6cm,并设置向外3%~4%的横坡,加强经常性修剪,保证排水畅通,美化路容路貌;在底基层顶面铺设三维复合排水土工网,将滞留在填土绿化层底面的渗水排到路基外。

对于冲刷相对较大路段,土路肩宜采用细石子混凝土或掺灰土加固,现浇或预制细石子混凝土厚度不小于50mm,掺灰土厚度不小于100mm。土路肩下设置由砂砾和土工布组成的排水层,以排除通过路面裂缝或空隙渗入并滞留在路面结构内的自由水。

10.3 路面内部排水

10.3.1 路面工程的实践证明了路面内部排水的重要性,路面内部排水系统的设计通常需满足三方面的要求:一是各项设施应具有足够的泄水能力,排除渗入路面结构内的自由水;二是自由水在路面结构内的渗流时间不能太长,且渗流路径不能太长;三是排水设施要有较好的耐久性。常用的排水设施包括排水层、纵向排水沟和横向出水管,可根据路面类型和路面渗水量灵活采用。

10.3.4 当路面内部可能出现自由水滞留时,可采用排水基层。路基基层排水系统是直接在面层下设置透水性排水基层,在其边缘设置纵向集水沟和排水管以及横向出水管等,组成排水层排水系统。排水基层在浙江省高等级公路中应用较少,对施工质量要求较高。浙江省常规的做法是要求在零填零挖、土质挖方及高液限土、膨胀土等不良地质路段路面结构层下进行换填处理,换填材料为透水性材料,厚度一般为60~80cm,以确保路基强度,同时起到排水垫层的作用。在岩质挖方路段,当地下水或裂隙水较为发育时,在路面结构下增设15cm级配碎石垫层,以排除路面结构内部水分。

10.4 中央分隔带排水

10.4.3 一般路段。

(1)中央分隔带顶面设计成双向横坡为4%的平顶型,大部分雨水通过横坡流向两侧路面,剩余积水渗入分隔带土体内。为排除中央分隔带下渗水,在中央分隔带及渗沟内侧界面上先涂抹2cm水泥砂浆抹平,再铺设防渗土工布,在其底部设纵向渗沟,并在纵向渗沟内设置纵向排水管,每隔40~80m设置一道横向排水管,将渗水排出路基外。

(2)排水设施。

渗沟：采用开级配碎石或砂砾，底宽不小于30cm，深度不小于25cm。渗沟的排水纵坡应大于等于0.3%，在变坡点设集水槽和横向排水管，用于将水排出路基外。

纵向排水管：可采用直径≥80mm的带孔PVC塑料排水管、软式透水管或塑料盲沟管等。

横向排水管：可采用直径≥100mm的PVC塑料排水管或钢筋混凝土管。

（3）中央分隔带内上部要求回填≥60cm的耕植土，填土的压实度要求≥80%，以尽量减少雨水的下渗。

10.4.4 超高路段。

纵向排水沟：常采用钢筋混凝土盖板的现浇（预制）混凝土沟或缝隙式排水沟，混凝土强度等级不小于C25。

集水井：应根据汇水面积、降雨量等确定集水井的尺寸，并应方便清淤、维修。设置间距为45~100m。凹形竖曲线底部设置有集水井，集水井与构造物不得有冲突。

横向排水管：采用直径300mm的钢筋混凝土圆管或直径不小于200mm无节头的PVC排水管；对景观要求路段，横向排水管出口后可采用暗埋式排水管将水引至边沟中。横向排水管的横向坡度宜为2%~4%，并应充分考虑出口处的硬化处理。在路线的凹曲线底部及附近，必须逐渐加密横向排水管。

10.5 桥面铺装排水

桥面排水系统是整个桥梁的附属工程，以往设计中缺乏系统性和灵活性，由于设计不合理造成了桥面排水系统的失效和损坏，桥面的排水不畅很容易引起桥面沥青铺装层和桥面伸缩缝的破坏，使桥面行车的舒适性和安全达不到设计要求。对桥面的排水系统应结合桥梁结构形式、降雨强度及周边环境要求等方面进行综合设计，提高桥梁的使用性能，确保行车安全，延长桥梁的使用寿命。

10.6 隧道路面排水

10.6.1 隧道路面工程的病害多为隧道内排水不畅所致，被封闭在隧道路面结构内部的水，会浸湿各结构层，使之强度下降，变形增加，导致路面结构承载力降低，使其寿命缩短。

隧道路面防排水的关键是设置路面结构内排水系统，排出侵入路面结构内的自由水；其次，为阻止毛细水、压力渗水由下而上进入沥青面层，设置路面结构内防水层也是隧道防排水系统有别于其他的一个特点。

10.6.2 中心水沟宜采用钢筋混凝土短管，接头处应包裹土工布，以防止泥沙进入；纵向应设置沉砂池和检查井，沉砂池纵向间距不宜大于50m，检查井纵向间距不大于250m，小于500m的隧道可只设一处检查井。检查井宜在一个车道的中央设置，井盖采用钢筋混凝土结构。

横向盲沟采用 $\phi 50mm$ 的透水管,路面两侧纵向盲沟采用 $\phi 100mm$ 透水管与横向盲沟连接。横向排水盲沟采用 $\phi 50mm$ HDPE 单壁打孔波纹管,外裹 $200g/m^2$ 土工布,一般间距 5~20m,横向碎石盲沟设置间距富水段为 5m,一般富水段为 10m,贫水段为 20m,在仰拱段不需设置。

路面以下的两侧纵向排水管沟,沿隧道全长布置,将地下水排出洞口,最终汇集到洞外路基边沟中。两侧纵向排水管沟由带孔内径 $\phi 250mm$ 离心钢筋混凝土管外裹 $200g/m^2$ 土工布及级配碎石滤层组成。其作用是:一方面将衬砌背面排水沟引出,另一方面将路基围岩涌水排走,降低地下水位,减少地下水对隧道路面的不利影响。

附录 C 常用钢桥面铺装技术（资料性附录）

C.1 树脂沥青组合体系

C.1.1 EBCL 层

EBCL 层涂布量为 0.9~1.1kg/m²，可采用一层或两层涂刮方式。当采用两层涂刮方式时，下层涂布量为 0.1~0.15kg/m²，上层涂布量为 0.8~0.95kg/m²，下层胶料基本固化后开始上层 EBCL 胶料的刮涂施工，上层 EBCL 涂布完毕后在胶料表面撒布碎石使之与 EBCL 胶料一起固化。

C.1.4 改性沥青防水黏结层

改性沥青防水黏结层在洒布界面沥青后的 RA05 层表面渗水系数可按 ≤50mL/min 控制。